# VENDIENDO TU PERSONALIDAD

## Si Aprendes a Vender, Nunca Serás Pobre

**Por: Fernando Calagua**

http://www.vendiendotupersonalidad.com

Ninguna parte de este libro puede ser reproducida parcial o totalmente en ningún artículo o sitio de Internet.

# Dedicatoria

Este libro está dedicado a mi hermosa familia, mis dos hijos Estrella y Matías Calagua Asencio y a mi esposa Betty Asencio Soto, quienes día a día con su comprensión y amor encienden el motor de mi alma de emprendedor, por ellos no me detendré ante nada ni nadie hasta lograr mis objetivos, siendo el principal hacer los felices.

Agradezco de manera muy especial a Magali Asencio Soto, ya que sin su apoyo y colaboración no hubiera sido posible realizar este libro.

Agradezco también a mis maestros y amigos en el camino de los negocios por Internet de lo cual hablo mucho en este libro, Álvaro Mendoza, Luis Eduardo Barón, Roland Canas, Vilma Canas, Eunice Simao, Verónica Rubio e Isabel Ojeda.

# Sobre el Autor

Fernando Calagua, Ingeniero de profesión con el grado académico de Magister en Ingeniería Civil, diplomado en Finanzas, estudios de marketing.

Experiencia desarrollo de negocios en los campos de consultoría, servicios y comercialización de productos físicos.

Emprendedor en negocios por Internet, coach en Marketing Online y Marca Personal.

# TABLA DE CONTENIDO

# INTRODUCCIÓN

El presente libro reúne lo aprendido y lo aplicado por mi persona en este recorrido profesional por el mundo de los negocios.

En estas líneas vuelco aquellas experiencias que me llevaron transformar mi vida pasando de ser una persona formada bajo teorías, principios matemáticos, lógica, ideas maravillosas de creatividad e imaginación enfocados a resolver problemas reales, característicos de mis estudios de Ingeniería; a desarrollar y complementar mi personalidad con la parte intuitiva, emocional, relacional, práctica y mental necesaria para iniciar, mantener y hacer crecer uno o varios negocios de manera sostenida  en el tiempo.

Comparto una guía para que cualquier emprendedor la pueda seguir en su camino, para ayudarlo a superar, los temores, inseguridades, desánimos y sentimientos a los cuales somos vulnerables en nuestro camino hacia nuestra transformación.

Vendiendo tu personalidad descubre ante tus ojos que en ti hay un gran potencial, que aprendiendo a vender con tu personalidad puedes ser finalmente libre mental y financieramente.

Estas experiencias se traducen en conocimiento vivido que quiero compartir con mis lectores, de manera de incentivar su espíritu de emprendedor, que ha sido opacado por la idea falsa que nos vende el sistema educativo predominante, basado en que terminando los estudios escolares, todo individuo debe de estudiar alguna profesión o carrera técnica y especializarse con el fin de poder ser considerado como un potencial empleado.

Llegando con este proceso, a renunciar a las aspiraciones emprendedoras de cada persona, terminando en la mayoría de los casos como un empleado de por vida.

El ser empleado por toda la vida no sólo mata las aspiraciones, sino que crea un conformismo y seguridad falsa, una seguridad que es vulnerable a cualquier decisión o cambio económico en el entorno.

No hay nada más inseguro que poner el destino de tu familia en manos de tu empleador, renunciando a la posibilidad de ser tú el protagonista de tu vida, de la cantidad de dinero que desees y puedas ganar.

En este libro te muestro el camino para que puedas emprender tu propio negocio, desde mi vivencia de emprendedor, de alguien que nunca se resignó a entregar su libertad a un empleador, a un jefe o a una empresa.

Me considero 100% NO apto para ser contratado por ninguna empresa y no estoy dispuesto a vender mi libertad por ninguna cantidad de dinero, estoy dispuesto a pagar el precio que sea necesario para mantener mi libertad.

Y es por eso que he escrito este libro como una llamada de atención a todo aquel que pueda necesitar un apoyo, una ayuda en un momento de confusión, miedo o desesperación.

Ahora sumerjámonos juntos en este caminar que sin duda cambiará tu vida y tu manera de pensar, así como un día cambió la mía.

## CAPITULO 1: PORQUE EMPEZAR TU PROPIO NEGOCIO

En este capítulo comprenderás el cambio que significa emprender tu propio negocio, tu propia vida y tu propio destino.

Sólo tú puedes tomar esa decisión y las siguientes líneas te ayudarán a comprender la esencia de esta importante decisión.

## PORQUE ES IMPORTANTE EMPRENDER UN NEGOCIO

En este primer capítulo veremos porque realmente es importante emprender un negocio. En verdad me emociona mucho hablar de este tema, me siento como cuando empecé mi primer proyecto de negocio, pues en ese momento realmente me hubiera gustado contar con una guía como esta que me que ilustre y me muestre porque es importante emprender tu propio negocio.

Bien, te habrás dado cuenta que las personas que tienen mayor poder adquisitivo no son aquellas que trabajan como empleados, o bajo la dirección de un jefe, aún si estas personas llegan a aganar sueldos importantes no pueden salir de la clase media.

La línea que divide a los ricos de los pobres es una línea muy ancha y se llama clase media.

Las personas de la clase media se endeudan, gastan más de lo que ganan y es el principal problema por el cual no pueden salir de esta zona, muchas personas dicen que no pueden hacer un negocio por falta de tiempo, capital o experiencia pero esto solo es una limitación hasta tú lo permitas, porque para eso existe la capacitación, la asesoría y el financiamiento.

Mi misión es lograr que despiertes al emprendedor que tienes dentro.

## LA REGLA DEL 80/20 PARA TU VIDA

Te cuento un secreto, existe una regla que se denomina "La regla de Pareto" y es también conocida como la regla del 80/20 esto va ligado con las estadísticas que dicen que de toda la riquezas o dinero del mundo solo el 20% de las personas tiene el 80% de los estas riquezas, mientras que el 80% restante de personas posee sólo el 20% de los recursos, por eso es que siempre las personas de clase media y pobres continuamente se quejan de estar a las justas en sus ingresos.

Algo que meceré la pena mencionar es el concepto de "la crisis", bueno tu y yo hemos escuchado hablar de la crisis económica, ¿verdad? las personas le echan la culpa a la crisis por su situación económica difícil, ¿cierto?

Si te dijera que la crisis no existe, que es un escenario montado por los gobiernos, inversionistas y las políticas de distintos países para poder manejar los intereses a favor de cierto grupo.

No existe la crisis lo que sucede es que la riqueza pasa de mano en mano, entonces si en un país hay crisis se debe a que se le han cortado los recursos pero este dinero ha pasado a otros grupo de personas o país. Lo importante es tener la mente abierta a que esto no es determinante, en segundo lugar a estar atento donde están las oportunidades de negocios y hacer que la crisis sea como correr olas, aprovechar su tendencia y vaivén para siempre salir beneficiados y no querer ir en contra de la crisis, pues eso sólo hará que te choques con ella y caerás en un hoyo más hondo aún.

Las personas no están acostumbradas a ver la crisis como una oportunidad para salir adelante, lo que la mayoría hace es sólo quejarse, las mejores ideas de negocios alrededor del planeta han ocurrido en épocas de crisis, pues es donde las personas tienen apuros y se sienten obligados a idear nuevas fuentes de ingreso.

La mente humana es valiosa y tiene mucho alcance. Y si hay limitaciones, son las que uno mismo se pone o la sociedad le induce.

Lo que en verdad importa es lo que hay dentro de ti para ofrecer al mundo, fuera encontraras experiencias y capacitaciones, pero el potencial está dentro de ti mismo en tu capacidad y obviamente todos tenemos distintos talentos y debes enfocarte en ellos más que en tus limitaciones.

## ¿QUE PUEDO VENDER?

Otra pregunta que todos en algún momento nos hemos hecho y que seguramente tú también te haces ahora es ¿qué puedo vender yo?, ¿qué hago?, tengo ideas pero no sé si funcionarán, que puedo vender yo para que mi negocio sea exitoso.

Es cuando uno piensa que la parte técnica o profesional va vender por sí sola y no siempre es así.

El caso más simple es el de un currículo vitae, si la persona cuenta con experiencia pero no puede expresarla aplicando marketing, es casi seguro que vendrá otra persona con menos capacidades y experiencia y tal vez sea contratada porque supo venderse a sí mismo, porque supo vender su personalidad, lo mismo sucede en una entrevista personal, si no logras expresar tu sapiencia no causarás el impacto necesario, entonces, si te preguntas que tienes para vender la respuesta es tu persona, tú mismo, independientemente si un día vendes pan, cortinas, pinturas, lo primero que debes vender es tu personalidad.

Cuando alguien quiere comprarte algo, lo primero que piensa es si va querer hacer negocio contigo, te buscara por tu persona por tu manera de ser, si eres integro, sincero, genuino, sea cual sea tu negocio actúa de manera ética, de manera cumplida, no prometas cosas a la ligera por salir del paso o por no saber decir NO puedo ahora, No tengo tiempo ahora, es lo peor, a veces es mejor decir NO y estoy seguro que esa persona confiará en ti más aún porque al decir que NO puedes atenderlo en ese momento estás pensando en él, en el beneficio de tu cliente y no en el tuyo.

Sabe que puedes ayudarle y de seguro te va esperar a que puedas cumplir con ella, pero de manera sincera, seria, es mucho peor que tu le digas "SI, SI " tu trabajo va estar para mañana y llegado el momento no lo tengas listo y en consecuencia esta persona nunca más confiará en ti y mucho menos te recomendará.

El principal activo que puedes cultivar es la relación con tus clientes y estas se basan en la confianza y credibilidad.

Y si aún me preguntas que tienes para vender, te diré que simplemente es tu manera de hacer negocios, existen muchas estrategias que enseñaremos poco a poco en este libro, pero lo esencial es esto que te he revelado.

## ¿EXIGES LIBERTAD, SEGURIDAD O AMBOS?

Estos dos conceptos suelen ser confundidos a menudo, muchos desean las dos cosas libertad económica y seguridad y si es posible obtener ambas cosas, pero la mayoría de personas la buscan en el lugar inadecuado.

Por ejemplo, de niño seguramente te dijeron, estudia capacítate para que nunca te falte nada y puedas comprar tu casita, tu carrito, para que tengas tu familia y no falte nada, eso está concebido desde pequeños como seguridad dentro de tu mente.

Yo hoy te puedo decir con total seguridad que ese es el camino más inseguro que puede existir en la vida.

¿Por qué?

Como empleado, tú estás poniendo en manos de tu empleador, tu vida y la de tu familia, el día que esa persona piense que su negocio no va y quiere cambiar de giro para no ser afectado por la crisis o por la tendencia económica, te va decir; sabes que estamos reduciendo personal, toma tu liquidación, estas despedido y gracias.

Imagínalo, que podrías hacer en esta situación, tu empleador está en su derecho, el negocio no es eterno depende de las fluctuaciones de la economía y de las tendencias.

Otro caso puede ser que el empleador haga un mala inversión y el negocio quiebre y los empleados no tienen nada que hacer ya ahí, simplemente te liquidan, te despiden y adiós. Y quedas en el aire, esto te parece seguridad?, claro que no verdad?

Claro que no es seguro. Lo primero que harías cuando te despiden sería buscar un empleo similar y no lo podrás encontrar en ningún sito ya que la crisis afecto a ese rubro porque todas las empresas estarán en la misma condición. Imagínate tú en esta situación.
Un ejemplo es el de la industria de la minería, hace poco tiempo en mi país la minería era el ¡boom¡ que generaba muchos puestos de trabajo. Luego empezaron a bajar los precios de los metales y los proyectos mineros se fueron cancelando o postergando, ocasionando esta situación que mucha gente quede desempleada, ellos salieron a las calles en busca de trabajo y tuvieron que trabajar más horas por menos sueldo.

Todo porque se esperanzaron pensando que ese era el camino seguro.Por el contrario si tú decides emprender un negocio paralelamente estas sembrando una semilla y en algún momento próximo crecerá como un árbol y este árbol dependerá de cuanta dedicación le pongas a tu negocio y del compromiso contigo mismo y tus metas. Así este árbol crecerá mucho para que luego sus ramas te den sombra cuando estés en desamparo, si tu empleador te dice chao tú ya tendrás un ingreso sostenible no esperes que suceda la crisis para hacerlo, porque si lo haces recién cuando te encuentres desempleado todo se te vendrá encima y el verdadero camino a la seguridad es ser autónomo ser independiente de la decisión del gobierno de tu país, de la crisis, del empleador. Que puedas ser libre de la fluctuación de la economía, este camino es difícil al inicio, pero no imposible, lo sé. Entonces, ¿cuánto estas dispuesto a darle a tu empleador y no a ti mismo?, ¿estás dispuesto a sacrificarte por otro y no para ti mismo?

## DIFERENCIA ENTRE UN ACTIVO Y UN PASIVO

Son dos términos que empezaremos definiéndolos de la siguiente manera simple, aunque existe cierta confusión en el sentido práctico.

Digamos que contablemente un Activo es una posesión que me va generar dinero, por ejemplo un terreno se convierte en un activo, un auto para movilidad es un activo, un libro patentado con mi nombre me dará regalías cuando se comercialice.

Ahora entonces, que es un Pasivo, un pasivo es toda aquella actividad o transacción que nos genera deuda, todo aquello que nos significa un compromiso de endeudarnos.

Generalmente para las personas que no hacen o tienen ningún tipo de negocio sus  activos son 0 (cero) el dinero que ganan mensual o quincenalmente lo gastan en servicios y como a veces quieren comprar algo, usan el crédito de consumo y se endeudan, al endeudarse generan un pasivo, así los bancos por ejemplo te ofrecerán un crédito más y más grande cada vez.

Y ahora tienes que pagar todas esas deudas, esos pasivos, tus deudas, así tus pasivos están creciendo y creciendo y tus activos pocos o a veces hasta  nulos, entonces cada vez puedes cubrir menos y menos tus deudas, a veces compramos cosas pensando que nos va generar dinero y no es así.

En el libro "Padre Rico y Padre Pobre" de Robert Kiyosaki, se define como activo a todo aquello que me puede poner dinero en el bolsillo y el pasivo todo aquello que haga sacar dinero del bolsillo, definición que de hecho se contradice con las definiciones en finanzas y contables, pero que están más cerca de la realidad.

Por ejemplo comprar una casa o una oficina inmueble son calificados como  activos pero a veces se convierte en pasivo porque cuando tú inviertes en el mantenimiento y servicios y este bien no te está generando dinero se convierte en un pasivo.

Entonces hay que tener mucho cuidado cuando al comprar una propiedad lo estamos colocando como un activo, tal vez estemos equivocados.

Igualmente un automóvil no es un activo en la práctica, aunque los contadores lo consideren así, mucha gente piensa que tener un automóvil es un activo pero no, este se deprecia con los años muy, muy rápidamente y cada vez que se deprecia genera gasto en mantenimiento y si no lo haces trabajar no es un activo es un pasivo yo recomiendo hacer una lista de activos y pasivos normalmente para un apersona que no realiza ningún tipo de negocios sus activos van estar en 0 y por lo contrario tendrá muchos pasivos.

Entonces te recomiendo lo siguiente para salir de esta situación:

En primer lugar, no te hagas de más pasivos, cancela los que ya tienes, cuando ya estés libre de deudas, ese dinero que usabas para pagar tus deudas entonces ahórralo, guárdalo y entonces no pienses en gastarlo solo porque tienes más dinero en tus manos.

Esa es la definición de Activos y Pasivos, pero este es el concepto tienes que sacar, has un inventario de tu situación actual, ve que estás haciendo y que puedes hacer para mejorar.

## CAPITULO 2: ¿CUALES SON LOS MAYORES TEMORES A LA HORA DE EMPRENDER UN NEGOCIO?

Sin duda, todos alguna vez hemos tenido ideas grandiosas, ideas de un proyecto, de un emprendimiento que en sus inicios fue sólo un suelo, pero casi nadie o muy pocas personas hemos hecho al menos una acción por hacer realidad nuestra idea, todo principalmente por los temores, temores que aparecen principalmente por la falta de conocimiento y experiencia.

# TEMOR A EMPEZAR UN PROYECTO NUEVO

Si un emprendedor decide empezar su propio negocio, estará expuesto a muchos temores internos.

Por ejemplo, cuando una persona va a aprender a nadar, aprender otro idioma o tal vez bailar una danza nueva, a veces algunas personas sentirán vergüenza de lo que las demás personas piensen, del ridículo que harán por equivocarse en sus primeros intentos, y lo preocupante es que ese sentir va creciendo con los años, las mayoría de personas tienen un complejo de que tiene cierta edad ya no puede aprender ciertas cosas y piensan que si se equivocan va quedar mal o en ridículo ante los demás.

Estas personas tienen miedo porque no saben qué hacer entonces existe el temor al "qué dirán" y "por qué se está cambiando a hacer esto y no lo otro o aquello", pero son formas en que la gente te ve, algunos criticarán y otros te apoyarán.

El fracaso y el éxito son situaciones que están en nuestra mente si tendría que definir el éxito no podría hacerlo con una sola palabra, por que el éxito es distinto para cada persona, dependiendo lo que quieras lograr, pero por el contrario sí hay una sola definición para el fracaso y esta es, la incapacidad de lograr lo que uno quiere, es simplemente eso.

Pero si pones un punto en el tiempo y quieres llegar del punto "A" al punto "B", obviamente el camino corto es la línea recta pero para que puedas llegar al punto "B" seguramente tendrás que pasar por obstáculos a los cuales llamarás fracaso en ese momento, pero luego te darás cuenta que sólo son parte del camino.

El fracasar es parte del camino al éxito, es parte de la vida, cuanto más pronto fracases, mejor; porque al fracasar al inicio de tu emprendimiento, psicológicamente vas a tener más disculpas, pues estas empezando.

Un ejemplo muy apropiado lo podemos encontrar en una de las historias de Thomas Alva Edison, como sabes antes de inventar la bombilla incandescente tubo miles de intentos, miles de fracasos antes de lograr que la bombilla pueda iluminar de manera satisfactoria, probando diferentes materiales, diferentes opciones, pero te imaginas si él no hubiera experimentado y fallado tanto, si se hubiera rendido en los primeros fracasos, entonces no tendríamos ahora lo que es la bombilla de luz,

Te hago una pregunta, ¿te es posible saber hoy, qué tan cerca puedes estar de lograr tu objetivo?, bueno eso nadie lo sabe en verdad, por un fracaso que tuviste no puedes dejarte derrotar, porque a la vuelta de la esquina puede estar el éxito para ti, tal vez sólo necesitas fracasar una vez más antes de lograr el éxito.

Pero si te dejaste vencer por el fracaso momentáneo estarás tirando todo a la basura, por ejemplo si te has esforzado un año para hacer una labor y después de este tiempo no has alcanzado tu objetivo y te rindes, puede ser que sólo debías de insistir un mes más antes de lograrlo, nunca lo sabrás, imagínate por un mes antes que te dejaste vencer por el fracaso momentáneo.

El temor que sentirás es lógico, pero es parte del crecimiento. Que no te importe que dirán, las demás personas no están pasando por lo que estas pasando. Si le das mucha importancia a lo que digan sin querer te acostumbrarás a culpar a los demás por tus fracasos.

Uno es responsable tanto de sus fracasos como de sus éxitos, eso hay que tenerlo bien claro.

## EL SINDROME DEL NOVATO

Cuando tu inicias algo tienes las "disculpas" del caso para equivocarte porque todavía estas aprendiendo, pero muchos se sienten limitados por que dicen por ejemplo; ¿cómo voy ayudar a otras personas si recién estoy empezando?, dime ¿cuánto tiempo crees que tiene que pasar para que puedas enseñar a otras personas?, pues si vas con una mentalidad de estar listo al 100% para empezar algo, entonces nunca vas a estar listo siempre tendrás algo que aprender, algo que mejorar; por lo tanto nunca podrás decir estoy listo para empezar.

Tomar acción inmediata te permite dos cosas, primero te va permitir salir del anonimato, de ser novato y en segundo lugar te va a retroalimentar de las personas que interactúes, que te comenten, que te añadan valor y que te critiquen de una forma negativa y dejes de tener esa idea que te falta mucho por recorrer para aplicar lo que estas aprendiendo.

Toma acción masiva, imperfecta y sin duda esto te acercará a tus objetivos y te alejará de tu situación actual.

Esta es una analogía muy buena, cuando un chofer va conduciendo su automóvil por la carretera de noche, sólo puede ver lo que sus faros delanteros le permiten ver, ¿Verdad?, no sabe que hay 1 km más adelante, pero aún así sigue conduciendo, sigue adelante porque confía en su habilidad y capacidad para conducir. Así de la misma manera deberás de avanzar en tu emprendimiento, deberás de seguir aunque no veas el resto del camino, la luz se hará y te abrirá paso a tu destino.

## IMPORTANCIA DE LA MENTALIDAD EN LOS NEGOCIOS

Hablamos en el CAPITULO 1 del caso de una persona que de pronto queda desempleada, ya sea que el dueño cambio de giro o la empresa le fue mal y tuvo que despedir a esta persona, vimos que es lo primero que le invade a alguien que le digan "quedas despedido", bueno en ese momento le esperan muchas obligaciones, pasivos, deudas y tu única fuente de ingresos se cortó, se terminó.

Ahora, si nunca antes te pasó esta situación, imagínate en esta situación, ¿cómo trabaja tu mentalidad?, en ese momento te vas a desesperar buscando un nuevo trabajo, y en esa situación aceptaras lo que venga, aceptaras trabajos de sueldo mínimo, de más horas de lo normal, ¿por qué?, porque estas desesperado.

En este estado los aspectos de tu personalidad caerán, tu autoestima, tu entereza, tu decisión, todo.

En esta situación es comprensible, ya que es tu única fuente de ingresos la que te están arrebatando y no conoces más y al cortarte esta fuente de ingreso, tu desesperación estaría justificada.

Por el contrario, ahora veamos que sucede si tú tienes tu propio negocio, bueno en un negocio la situación es parecida, algunos te cerrarán las puertas, tal vez no vendas nada, pueden pasar meses y todo este siendo perdida.

Sin embargo tú no puedes permitir que la desesperación te domine.

Te explico, el camino en los negocios lo comparo con las estaciones del año primavera, verano, otoño e invierno, en la primavera el camino está despejado, tienes buenos contactos, buenos clientes tu actitud va ser una actitud confiada feliz; en el verano ya todo lo que veías venir ya llegó, ya estas disfrutando de tus mejores ventas los clientes te buscan, sientes que nada va a ir mal, no tienes pensando pasar por angustias, preocupación; bien ahora llega el otoño de repente en el verano hiciste el mejor negocio de tu vida, simplemente te dedicaste a disfrutar el momento y pensaste que siempre iba a ser así, pero ahora que es otoño las cosas cambian ya los clientes no te buscan y por ahí sale un competidor más fuerte que te gana a tus clientes y tu comienzas a sentir que las cosas están cambiando, pero tal vez tu orgullo no te permita reconocer que las cosas cambiaron entonces sigues con el mismo comportamiento; es cuando finalmente llega el invierno donde no hay ventas y las perdidas empiezan a presentarse.

Es entonces cuando tu mentalidad debe estar preparada para adecuarse a estas cuatro estaciones

Cuando digo mentalidad, me refiero al pensamiento y actitudes, pues aunque te sea difícil de creer los pensamientos se hacen realidad, por ejemplo la persona pesimista siempre repite que le va mal, que tiene mala suerte, entonces siempre le va mal, si tú en el camino de tu negocio tienes una mentalidad realista optimista, responsable y te preocupas por prever, ahorrar e invertir en los tiempos de abundancia para que puedas mantenerte siempre estable. Esta es una de las funciones de nuestra mentalidad.

Pero estos conceptos nadie o casi nadie te lo dirá de forma directa, si no que cada quien tiene que aprender por sí mismo de sus experiencias, todos aprenden con ese dolor de entrar en desesperación, tocar fondo para que puedan cambiar; muchas personas tienen la mentalidad rígida y son resistentes al cambio. Te recomiendo que seas dócil al cambio.

Si tienes la mentalidad adecuada y tuvieras que cerrar tu negocio actual y emprender uno nuevo, sabrás como hacerlo, porque si lo hiciste una vez podrás hacerlo cuantas veces desees, pues no es el negocio lo que te hace, sino tú el que haces al negocio.

Por eso que este libro se llama Vendiendo tu Personalidad.

El alma de tu negocio eres tú, un contador, abogado, lo puedes contratar ¿verdad?, pues tu eres el cerebro la mente que va a comandar tu negocio. Si no tienes una mentalidad adecuada no servirá de nada que tengas los mejores asesores o profesionales a tu lado.

Tienes que tener compromiso contigo mismo y con tu negocio, esto significa que "Tienes que hacer, lo que tienes que hacer, cuando lo tienes que hacer, así no quieras hacerlo", ¿cómo es esto?

Por ejemplo, si tuvieras que hacer en una fecha determinada un documento de contabilidad y te dices a ti mismo que lo harás después, que tú eres tu jefe y que verás cuando lo harás, bien "eres libre de hacer lo que mejor consideres", pero que ocurre cuando al pasar los días tengas nuevas responsabilidades y cuando realmente tengas que hacerlo ya no va a ser una responsabilidad, esto se convertirá en algo urgente y se te acumularán muchas cosas urgentes y es ahí donde viene el inicio del fracaso, porque es donde empieza el desorden y seguro de algo te vas a olvidar. Si producto de ese desorden algo haces mal, entonces eso puede desencadenar muchas consecuencias que te pueden costar muy caro.

El trabajar la mentalidad no solo es auto gestionarte de ideas nuevas y buenas, sino que también tienes que alimentar tu mente leyendo material apropiado que te dé otra óptica, otra visión, ya te iré recomendando más adelante algunas lecturas apropiadas.

## CAPITULO 3: TIPOS DE NEGOCIOS

En ocasiones nos sentimos confundidos acerca del tipo de negocio que nos conviene emprender y si ya tenemos un negocio tal vez no nos sentimos totalmente realizados y pensamos si realmente estamos siguiendo el camino correcto.

Ahora veremos los tipos de negocios que podrías emprender y sus ventajas, de esta manera podrás tomar una mejor elección.

## EL MODELO ECONÓMICO EN EL QUE AÚN VIVIMOS

El modelo económico en que vivimos actualmente y digo actualmente porque ya está cambiando y está cambiando tan, pero tan rápido que no hay un punto que marque el ayer y hoy, los modelos que aún hay en las universidades son tales que capacitan a un persona en una especialidad para que pueda lograr su objetivo y su objetivo es ser "empleable".

Siempre desde niños, nuestros padres y maestros nos han dicho que tenemos que terminar la escuela y luego especializarnos en algo de tal manera que tengamos un buen trabajo y que vayamos escalando poco a poco en lo que se denomina la escalera corporativa desde el cargo más básico, así que un joven que termina sus estudios, empieza su vida laboral como practicante, pasa el tiempo mientras va adquiriendo más experiencia y más dinero, pero esto no es posible para todos, depende de le campo de acción, capacidad y personalidad, haciendo que todo este desarrollo pueda tomar años.

Realmente hay muchas personas que se jubilan después de muchos años de trabajo y no lograron cumplir sus objetivos, no han logrado ascender al máximo nivel deseado dentro de su organización.

Por otro lado, algunos tienen que esperar que pase mucho, pero mucho tiempo para que puedan darse la calidad de vida que realmente desean y merecen, todo el tiempo la pasa pasa trabajando, trabajando e invirtiendo muchas horas y por otro lado hay demasiada competencia y esto hace que sea más difícil alcanzar las metas personales así como las metas dentro de la empresa.

Pero esto ha ido cambiando a partir del año 2000 más o menos, no solo a nivel personal sino también a nivel corporativo, antes a los trabajadores se les decía empleados, luego le cambiaron a colaboradores y ahora son socios estratégicos, entonces las personas que se involucran en las actividades económicas de la empresa la llevan a un término más personal para que se sienta involucrada como parte de la organización.

Esto va de la mano con la tecnología, antes la información, las noticias o boletines oficiales de un país aran difundidos exclusivamente por las empresas o corporaciones más fuertes, sin embargo hoy cualquier persona, empresario, empleado o ciudadano de un país pueden emitir o transmitir una noticia o un evento con el mismo alcance con que lo puede hacer una gran corporación, todo esto gracias al Internet.

Las oportunidades son más alcanzables hoy para ti. El objetivo es que puedas desarrollarte con mayor facilidad, que tú también tengas la misma oportunidad tan igual como la tiene una corporación solida claro que no es algo mágico que va a suceder de la noche a la mañana, tienes que seguir pasos para lograrlo, uno de los objetivos de este libro es que tú puedas identificar ese potencial y lo puedas llevar a cabo y desarrollarlo.

Quiero que seas consiente que todo está cambiando, ahora estamos en un momento mixto y mucha gente aún sigue apegada al modelo antiguo que es muy rígido a pasar por cada una de las etapas anteriormente mencionadas como estudiar una carrera, luego especializarse, conseguir un buen empleo, ascender por la escalera corporativa etc.

Ahora no solo las personas naturales están aplicando estos conceptos sino también las grandes empresas, por ejemplo Bill Gates dice que "Aquel negocio que no esté en internet no existirá", que "abran dos tipos de negocios los que están en internet y los que no existan", otro ejemplo es Coca Cola que tiene una Fanpage, tiene una página web y si tú eres una empresa pequeña o principiante puedes tener igualmente tu Fanpage y página web, apalancándote del internet puedes tener mucha audiencia y llegar a la misma cantidad de personas que las que llega la Coca Cola por ejemplo.

## EL FLUJO DEL DINERO

Este concepto está relacionado al tipo de actividad económica que siguen las personas que le denominaremos cuadrantes:

El 1er cuadrante: Está compuesto por los empleados que es el 80% de la población económicamente activa, a continuación tenemos,

El 2do cuadrante: En el que encontramos a las personas auto empleadas o independientes, muchas de ellas tienen un oficio, pero ahora ya no trabajan para nadie sino que se han auto empleado y que hacen servicios a nombre propio, no tienen jefe pero si tienen una cartera de clientes a los cuales llaman y prestan sus servicios continuamente, esto hace que sus ingresos estén dados básicamente por esta actividad económica, luego tenemos.

El 3er cuadrante: El que está conformado por las personas con negocio propio, son aquellas que no son auto empleadas, por el contrario han escogido un rubro o un nicho donde puede dar un servicio apalancándose con gente que ayuda a ampliar su negocio de una manera más rápida, estos pueden ser empleados o sub-contratos, por último,

El 4to cuadrante: Está enfocado a las personas que son inversionista y tiene un nivel más avanzado que el de los tres grupos antes mencionados, por que optimiza su tiempo, son mucho más eficientes. Seguramente en sus inicios han tenido que pasar por 1 o más de los 3 cuadrantes anteriores pero el día de hoy cuentan con un capital considerable, tienen experiencia y capacitación que actualmente no se da en ninguna escuela de negocios, esto se adquiere por la experiencia, buscan oportunidades de negocios e inversión para sacar provecho, pero esta persona no invierte tiempo, ni trabajo, entonces tiene una libertad más amplia para realizar sus actividades personales, puede capacitarse en nuevos temas, estudiar idiomas y ayudar a otras personas a que logren su objetivo, puede demostrar su experiencia en conferencias, curso, seminarios y esto tiene otra retribución económica o sea una fuente más de ingreso.

Personalmente el objetivo de haber explicado esto no es saber qué es significa aquello de los 4 cuadrantes, sino que te puedas dar cuenta de tu situación actual, en que cuadrante te encuentras hoy, puedes estar en 1 solo o en 2, generalmente la mayoría de personas que no venimos de una familia de inversionistas o de una familia que tenga un negocio propio debe dividir su tiempo para poder estar en 2 cuadrantes a la vez, por ejemplo si eres empleado y aspiras a ser inversionista entonces debes emplear parte de tu tiempo en capacitarte, ahorrar tu dinero y con ese dinero invertir y seguir capacitándote.

Pues si se trata de emprender un negocio, no solo se trata de invertir $5,000 o $30,000, te vas a dar cuenta que no es tanto el capital que necesitas hoy en día, de hecho te diré que podrías empezar con US$100.00 y eso es posible porque el modelo de negocio ha cambiado, puedes empezar con una inversión pequeña pero también vas a ganar poco dinero y puedes hasta equivocarte en tus inicios sin el riesgo de perderlo todo.

La idea de empezar a invertir lo antes posible es que vayas escalando, que vayas adquiriendo experiencias en este campo, que vayas acostumbrándote a la idea de que si inviertes no estas gastando, si inviertes en capacitarte para hacer un negocio estas desarrollando habilidades y así poco a poco te vayas acostumbrando a invertir, y cuando ya te sientas preparado mentalmente, puedas dar el gran paso de una inversión más agresiva.

Puede que tú seas un auto empleado, una persona independiente, tal vez tienes un oficio particular y te dedicas a otorgarle servicios a tus clientes específicos o productos a proveedores de alguna empresa, tal vez eres fabricante y provees a una o más empresas, pero tu negocio sólo dependes de ti básicamente, entonces cuando te enfermas tu negocio se detiene, ahora tienes dos problemas a la vez, estas enfermo y necesitas más dinero para cuidar tu salud, mientras tanto no puedes continuar ganando dinero ya que nadie más lo puede hacer por ti, entonces solo dependes de ti ya que estas auto empleado no tienes más ayuda.

Entonces tal vez ahora tu aspiración próxima sea tener un negocio propio y ser independiente, es entonces que la forma como te ven tus clientes debe de cambiar, pues ahora tú debes de formalizarte y expandir tu radio de acción.

En este caso como vienes del auto empleo, estarás con un punto de vista de que eres un empresario pequeño y como tú te ves como pequeño los demás te perciben como pequeño y no vas a conseguir que te den un contrato grandioso porque te ven como pequeño.

Entonces lo que tú deberías de hacer es aumentar tu valor percibido en primer lugar generando la imagen de un negocio más grande, de un negocio más sólido, porque ahora no estás solo, hay personas a tu lado que pueden ayudarte a hacer el trabajo. Entonces cuando aumentas el valor percibido, las demás empresas empiezan a verte de una manera más confiable, y te confiarán contratos más grandes también, entonces ahora tienes más capital para contratar a personas.

Por otro lado si estás en la situación donde ya tú tienes un negocio propio y quieres escalar un paso más porque tal vez no es suficiente para ti tener un negocio, tal vez tienes otras carencias que son propias del negocio, tienes que ver los aspectos legales, contables, administrativos, financieros, etc. que te servirán mucho sobre todo a apalancarte de las oportunidades que te puede dar un banco o una entidad financiera ya que en algún momento tu negocio tendrá que atravesar una crisis y no queremos que se desestabilice.

Pero aun así, si tú dependes de un crédito del banco para poder continuar adelante con tu negocio y mes a mes debes de trabajar para devolver el préstamo. Esta situación puede convertirse en una verdadera pesadilla.

Imagina que el banco te dice que a partir del próximo mes elevarán las tasas de interés y por otro lado las ventas bajan en tu negocio. Sin duda ante este escenarios te vas a ver muy ajustado en esta situación, entonces ¿qué hacer ante esto?

Ahora habrás comprendido que el paso que hay que dar es desarrollar las habilidades de un inversionista.

Cuanto tú observas que una inversión va mal, la cierras no pierdes dinero y te vas en busca de otra inversión que sí te genere rentabilidad, pero esta habilidad debes de aprenderla poco a poco, lo importante es no esperar el último momento cuando veas que tu negocio se está cayendo para poder buscar una alternativa de inversión, pues es el peor momento para hacerlo ya que estas preocupado, aturdido y esto hará que un 90% de tus decisiones sean las equivocadas.

El momento perfecto para invertir es cuando tu negocio va bien, entonces si sucediera alguna pérdida en la inversión, esta no va tener un impacto fuerte o negativo en el negocio porque te está yendo bien, entonces en esos momentos tu inviertes, eres novato en las inversiones y no sabes cómo hacerlo tal vez pierdas dinero y eso va a pasar, nadie empieza ganando desde el primer día, pero si esta inversión la hubieras realizado cuando tu negocio está en crisis y sucede esta pérdida el efecto va ser letal.

## CUANTOS TIPOS DE NEGOCIO EXISTEN

Dentro de los 4 cuadrantes nos enfocaremos en el 2do (Auto empleado) y el 3ro (Dueño de un negocio).

Te hablaré sólo de los negocios que hoy en día presentan mayor proyección en el desarrollo para los próximos años.

Como ya será de tu conocimiento, hay negocios que se dedican a la manufactura, que necesitan una planta de producción desarrollar su actividad económica, por ejemplo es el caso de golosinas, fideos, conservas, artículos de limpieza etc. todos son procesos muy grandes y tienen que estar normados por ciertas entidades, por ejemplo los productos que se crean para consumo de la gente como los productos de primera necesidad que nunca se van a dejar de consumir, pero para una persona que incursiona en un negocio nuevo este modelo no es aplicable por que necesitas demasiada inversión, además necesitas contratar especialistas, ingenieros, químicos, ambientales que puedan cumplir con todas las patentes y normas exigidas.

Para ti que eres un emprendedor esto te sirve sólo como información pero no deberías de empezar por ahí.

También existen los negocios relacionados con la comercialización, que se basa en el simple principio de comprar productos a bajo costo y venderlos a un precio superior para generar un margen o utilidad. Este tipo de negocios puede ser adecuado para ti si conoces muy bien al mercado, puedes realizar comercio exterior, teniendo un proveedor o cliente conocido de tal manera de que puedas organizar una red de distribución.

La demanda de productos está en función a muchos factores, como fechas festivas, ubicación geográfica y estaciones del año, todos esos factores debes de analizarlos antes de escoger un determinado producto.

Por otro lado están los productos de información en formato digital o electrónico que se pueden vender usando el Internet. Por ejemplo este libro que estás leyendo ahora es un producto digital ya que estás teniendo acceso desde la plataforma Kindle, un e-book, un curso en vídeos o en audio son productos de información en formato digital.

Todas las personas alrededor del mundo tienen muchos problemas y muchas de ellas están buscando soluciones en el Internet, algunos problemas pueden ser más urgentes que otros en forma relativa, para algunas personas por ejemplo el bajar de peso puede ser muy urgente y para otras no, para algunas personas aprender un idioma puede ser muy urgente y para otras personas no lo es.

Un buen ejemplo de problemas urgentes son los de carácter emocional, pongamos el caso de una persona que lleva 25 a 30 años de matrimonio y de pronto se encuentra en la relación está a punto de romperse, a punto del divorcio, entonces imagínate cuanta puede ser la urgencia de esta persona por encontrar una solución para salvar su matrimonio, tal vez irá en busca de consejería o de la experiencia de otras personas que pasaron por la misma situación, pero tal vez no le sea tan cómodo o posible ir a una larga terapia de pareja, más aún si su pareja no comparte el mismo interés.

Si desea contar o comentar su situación a alguna amistad es probable que no lo haga en total confianza por miedo al "qué dirán".

Entonces es muy probable que esta persona use el Internet para buscar la opinión de personas que han pasado por lo mismo, entonces si tú tienes la solución a su problema condensado en un documento que está en Internet podrías ayudar a esta persona.

Tengamos en cuenta que esta persona se encuentra muy interesada y con mucha urgencia de solucionar su problema, por lo que estará dispuesta a pagar por conseguir la solución buscada.

Pero te preguntarás, como puedo ayudar a esta persona, si yo no soy psicólogo, no soy terapista, ni conciliador, bien no tienes que serlo, de lo que se trata este negocio es de:

- Encontrar un problema.

- Encontrar la solución.

- Vender la solución usando el Internet.

Al encontrar la solución, tú eventualmente podrás contratar los servicios profesionales de un especialista en el tema que respalde tu solución, tú te encargarás de vender el producto, no de desarrollarlo.

Por otro lado, estoy seguro que en el campo que tú te desempeñas también podrías desarrollar un info producto electrónico, sólo tienes que pensar en aquello que te apasiona hacer.

Estos son solo algunos ejemplos, pues existen muchos otros temas y a la vez páginas de Internet que venden soluciones o experiencia de personas que ya superaron ciertos problemas o situaciones.

Este tipo de negocio realmente está al alcance de cualquier emprendedor, pues se puede iniciar con una inversión muy pequeña en comparación a la que se necesita para empezar un negocio clásico fuera del Internet.

Para crear un producto de información digital no necesitas gran inversión, por ejemplo si tú eres un informático y tienes conocimientos de programación, podrías hacer un manual que ayude a realizar ciertas tareas que la gente que no es informática necesita realizar. Este es simplemente un  ejemplo, pero si tú conoces un tema específico puedes de hecho ayudar a muchas personas de esta manera.

Este es el tipo de negocios que va de la mano con el cambio de tendencia en el modelo económico del que hablábamos al inicio de este libro.

**Por lo tanto este es el tipo de negocio que yo te recomiendo para empezar.**

Imagínate si antes alguna empresa quería hacer una investigación de mercado, tenía que contratar encuestadores y usar un método físico para extraer datos, luego tenía que llevar esta información a sus oficinas, vaciarla a una base de datos, clasificarla, estudiarla e interpretar los resultados, una vez que se tenía este estudio de mercado la empresa recién lanzaba el producto adecuado y usaba dentro de su marca o eslogan publicitario las frases más frecuentes que uso la gente al responder las encuestas.

Ahora ya no es necesario realizar todo este trabajo. Usando el Internet hoy la puedes obtener en 5 minutos y sin necesidad de Invertir dinero.

Hay una herramienta en el Internet llamada Google Trends http://www.google.com/trends/ con la cual puedes acceder a información de todo el mundo, por ejemplo si busco información sobre el tema de cómo bajar de peso, puedo buscar "como bajar de peso" y entonces me saldrá un mapa relacionado con el idioma del tema con la cantidad de personas que están buscando este tema alrededor del mundo y te va a dar una gráfica que te indica la tendencia de la búsqueda, así mismo esta herramienta te da la información sobre qué temas está buscando la gente, en que países está la mayor cantidad de búsquedas y que términos o palabras está usando la gente para que tú puedas usarla en tu estrategia de marketing.

Como te puedes dar cuenta es muy fácil hacer un estudio de mercado con esta herramienta, por lo tanto el negocio que tu decidas emprender debe de estar alineado con las herramientas de Internet.

Y estoy seguro que tú ya usas el Internet en tu vida diaria, para leer tu correo electrónico, para postear tus fotografías o para charlar con tus amigos. Pero no estas usando todo su potencial.

La mayoría de las herramientas que te servirán para desarrollar tu negocio en Internet se encuentran de manera gratuita en Google pero hay personas no las utilizan y no saben que existen o para que sirven, solo usan el traductor buscador y Gmail pero hay mucho mas, como el Google drive, que te permite descargar archivos muy pesados, también se puedes crear formularios de encuestas, por el Google Plus, también se pueden hacer conferencias parecidas al Skype a este se le llama Hangout y esto te abre muchas puertas y llegas a relacionarte con personas en otros países y todo esto de manera gratuita, entonces esto te ayudará a ahorrar dinero y tiempo, este es el negocio con el que yo personalmente te aconsejo que empieces.

Además te cubre de riesgos, ante cualquier error que cometas que siempre va a estar presente porque somos humanos.

Cuando estamos empezando algo generalmente no todo nos sale perfecto, el impacto no va a ser muy grande ya que estas herramientas han sido usadas de manera gratuita no te han generado gasto alguno o algunas otras tiene costos muy bajos, por ende no perderás nada significativo a diferencia de un negocio convencional en el cual se invierte dinero y al fracasar se genera pérdidas grandes.

Obviamente, si hay que invertir algo de dinero para que puedas adquirir un dominio, un servidor y un auto respondedor.

Por esas razones este es el modelo de negocios por el cuál te recomiendo empezar.

## CAPÍTULO 4: PASOS PARA INICIAR UN NEGOCIO

Cuando desees emprender tu propio negocio, lo primero que deberás de hacer es tener claro tu objetivo y crear un camino hacia él, de manera que lo alcances en el menor tiempo posible, estos son los pasos para iniciar un negocio.

## COMO APRENDER A INVERTIR MAS Y GASTAR MENOS

Existe mucha confusión entre las personas, con respecto a lo que es gastar e invertir.

Una persona que está acostumbrada a la idea de invertir siempre buscará la oportunidad de hacerlo a su paso en la calle, en lo que ve o quizás al encontrarse con algún amigo va a estar siempre buscando una oportunidad para invertir en algún negocio o proyecto.

Por el contrario, una persona que no está acostumbrada a invertir es vulnerable a que quiera comprar y gastar en lo primero que vea a su paso, es muy emocional, se deja llevar por el impulso, esto puede ser algo muy simple como comprar ropa, unos zapatos o en otra escala más elevada, un auto y lo peor de todo que para comprar muchas veces las personas se endeudan, al no contar con el dinero suficiente usan tarjetas de crédito o créditos bancarios de manera descontrolada.

El beneficio del crédito, en este caso, no existe porque adquirido no puede tener un retorno de para el futuro, simplemente estas generando un gasto, realmente el crédito no es bueno, si se usa para consumo, esto es similar al tema que ya tratamos anteriormente de los activos y pasivos.

Entonces si nunca en tu vida has invertido en un negocio o en un activo y viene una persona para hablarte de hacer un negocio, lo primero que se viene a la mente de la mayoría de personas es el temor a perder.

Casi siempre la mentalidad de una persona está enfocada en no perder y no en ganar; si nos preocupáramos en un 80% en ganar y un 20% en tomar precauciones para no perder; sería mucho mejor ya que obtendríamos mayores ganancias, pero la mayoría de personas piensan, "que su resultado será perder", "¿cuánto van a perder?", su mente está enfocada en eso y no se centra en ganar, si piensan así lamentablemente ese será su resultado, perder.

Esto es comprensible por la falta de costumbre y educación para invertir, esto junto a la falta de experiencia hace que una persona tenga miedo, entonces ¿cómo se puede comenzar a invertir?

En primer lugar definamos en concepto de trabajar y "pagarse uno mismo", cuando una persona trabaja lo hace para cobrar un sueldo ya sea quincenal o mensual, ¿correcto?

Cuando recibe su sueldo de seguro ya le está esperando un gasto o una responsabilidad por adelantado, y ¿cuál puede ser esa responsabilidad?, pues pagar el alquiler de su casa o departamento, el servicio eléctrico, el agua, el teléfono, alguna deuda pendiente, el recibo de las tarjetas de crédito etc.

Y muchas veces las personas se quedan con simplemente "nada de dinero" o con lo mínimo para sí mismo.

Pero esas responsabilidades no han sido heredadas, las has conseguido por ti mismo, has decido en algún momento adquirir esas responsabilidades sin precaución, entonces las cosas se ponen difíciles, nadie se pone a pensar que una de tus responsabilidades es pagarte a ti mismo, nadie lo piensa, ¿verdad?

Trabajas para pagar a otros, pero no te pagas a ti mismo, no ahorras, no inviertes.

Si eres un empleado, como la mayoría de personas alrededor del mundo, y ganas un sueldo modesto que te alcanza para cubrir tus necesidades, no tomas la responsabilidad de "pagarte a ti mismo", de ahorrar para invertir.

El ahorro sin un objetivo, sin planes de inversión no sirve para nada. Es sólo una aparente seguridad que acaba por esfumarse cuando las cosas empiezan a ir mal.

Lo siguiente puede sonar muy duro, pero es muy cierto, una empresa o compañía te paga por tu tiempo y tu cambias tu tiempo por dinero, pero como tu tiempo es limitado entonces tus ingresos también los son

Ya no eres dueño de tu tiempo, en estas circunstancias no te puedes dar el lujo de poner objeciones para no ir a trabajar, como por ejemplo: estoy cansado o quiero ir a la playa un día de la semana o tomar cualquier día como descanso, no lo puedes hacer, porque te pagan por tu tiempo.

En algunos casos tu empleador no te paga justamente por lo que produces sino por el tiempo que le das a la empresa, se dan casos que cuando ya no hay más trabajo que realizar en la empresa, el empleado tiene que permanecer presente hasta que le asignen una nueva labor, perdiéndose muchas horas y se convierten en personas totalmente improductivas que sólo esperan que llegue la hora de salida para irse del trabajo y el fin de mes para cobrar su sueldo sin importarle cuanto valor generó en ese mes.

El concepto es muy claro:

Primero: cambias tu tiempo por dinero y

Segundo: cuando recibes tu sueldo, el 90% es para pagar deudas y compromisos, entonces el dinero que recibes o por el cual trabajas siempre es para pagar a "terceros", en algunos casos estos gastos son inevitables como los servicios básicos, alimentación, educación etc.

Pero ¿por qué no evitar los gastos innecesarios y utilizar estos recursos para invertirlos en ti mismo?

Esto es "Págate a ti mismo" y una manera de hacerlo es ahorrando el 10% de tu sueldo de manera mensual, hazte creer a ti mismo que es una responsabilidad más, como si pagaras una hipoteca, una deuda o un servicio, convierte esa responsabilidad en un compromiso contigo mismo, tienes compromisos con terceros y ¿no puedes asumir un compromiso contigo mismo, con tus sueños y objetivos?

Muchas personas ahorran y tienen por disciplina ahorrar, el siguiente paso es no saber qué hacer con tus ahorros entonces, si lo depositan en un banco el banco les da intereses muy bajos, es como si lo guardara bajo el colchón, además cobran mantenimiento, seguros y si nos damos cuenta estos intereses por tus ahorros se volvieron nulos, nuevamente estas pagándole al banco "Un tercero".

Entonces ¿qué hacer con tus ahorros?, entonces ahí viene el concepto de Inversión aquí te enfrentas a dos cosas, una es la incertidumbre de saber en que invertir y la otra seria la devaluación de tu moneda.

Si comienzas a ahorrar en una entidad financiera en el mes de enero, en diciembre tendrás el dinero que ahorraste más un pequeño interés, pero nadie se da cuenta de la inflación.

La inflación es el fenómeno por el cual aumentan los precios de la canasta básica de una fecha a otra y si comenzaste ahorrando una cantidad mensual, por ejemplo ahorraste US$100.00 mensualmente, entre enero y diciembre, esto normalmente te alcanza para comprar un par de zapatos, pero para en el mes de Enero del próximo año probablemente ya no te alcanzará porque el precio se incrementó, este es el problema de la inflación y los bancos no te lo dice porque si no nadie ahorraría en un banco y buscarían otras formas de hacerlo, como por ejemplo entidades que no pertenecen al sistema financiero.

Tienes que saber que invertir siempre genera un riesgo, puede que tus intereses o ganancias no sean como lo esperabas.

Pero ante todo esto es más seguro ahorrar para invertir que simplemente no hacerlo y esperar el día que haya crisis, como lo hablamos anteriormente, entonces nos veremos forzados a ahorrar por temor a que nuestra empresa empleadora nos despida o simplemente cierre, es más riesgoso tener solo una fuente de ingreso que tener varias alternativas para percibir ingresos, de repente en algún inicio puedes cometer errores y necesites ayuda, eso es normal, quizás al inicio tus inversiones deban de ser pequeñas porque tengas temor, si cometes errores al inicio no te ocasionarán un impacto fuerte, pero estará acercándote a ser un experto en las inversiones.

Debes educar, alimentar y capacitar tu mente, leer algún libro relacionado a este tema y buscar información.

Acceder a cursos también resulta muy útil, aunque no tienes que seguir una carrera profesional en finanzas, lo que si tienes que saber es lo básico como por ejemplo:

¿Qué es una tasa de interés?

Riesgos al sacar un crédito

¿Cómo va la tendencia del dólar o del euro? (que son las moneas que mueven la economía del mundo) y mucha cosas más.

Todo esto te servirá de referencia para que puedas sentarte sobre una base sólida y tener un mejor panorama de ahorro e inversión.

Si crees que esto no es para ti o lo ves muy complicado y dices que lo de la inversión no es lo que tienes en mente, entonces lo que debe hacer es buscar otras alternativas que hagan que tus ingresos no dependan totalmente solo de tu sueldo porque eso es muy riesgoso.

Existen maneras de invertir, las cuales son más versátiles, más pequeñas, a menor escala que de alguna manera te puedan generar ingresos pasivos, por ejemplo una de las más rentables es los bienes raíces o propiedades, en este caso la inversión es fuerte, pero menos riesgosa porque comprando una propiedad no corres el riesgo que algún día desaparezca o que exista ese problema de la alza y baja porque es más estable este aspecto.

Tus acciones deben estar orientadas hacia un objetivo y para realizarlo debes de plantear bien tu estrategia como mencione en los capítulos anteriores no es importante tener muchos conocimientos, si tu solo quieres hacer una inversión no vas a poder cumplir la función de contador, abogado etc. no pretendas hacerlo todo tu sólo, es imposible, tienes que apalancarte de otras personas las cuales te asesoraran y te ayudaran, tienes que buscar personas que dominen cada una de estas funciones sin olvidar claro, que el cerebro de todo eres tú, tu eres el organizador y todos los demás elementos y personas giran alrededor de tu objetivo.

No solo debes seguir cursos, lo que tienes que saber es donde encontrar la información necesaria y es por eso que ahora gracias al internet esta información está siempre al alcance de todos.

Se puede decir incluso que tenemos demasiada información y quizás no te da el tiempo para poder estudiarla, aprenderlas e implementarla, es por eso que se necesita de un asesoramiento tanto en la parte técnica como en la experiencia, porque quizás estas personas también hayan pasado por lo que tu estas pasando hoy y ahora ellos te pueden mostrarte el camino.

Otro punto muy importante es no perder tu objetivo, ojo no todas las personas tienen el mismo objetivo, algunos tendrán objetivos personales, profesionales, económicos, comerciales, entonces tienes que identificar cuál es tu objetivo y de acuerdo a este crear una estrategia para apalancarte de la asesoría para que puedas dar el siguiente paso.

## ¿QUE FUE PRIMERO EL HUEVO O LA GALLINA?

Con respecto a esta analogía de ¿Qué fue primero el huevo o la gallina?, ¿cuál apareció primero? como traemos eso al tema de los negocios, muchas personas tienen productos, servicios que son muy buenos y ¿Por qué concluimos que son buenos?, porque si uno mismo los inventó y yo sé que son buenos…. ¿verdad?

Un ejemplo es cuando uno escribe un libro o un curso que sea relativamente bueno o puede crear un producto y comercializarlo ya sea un instrumento musical, un aparato electrónico, cualquiera que sea, lo puede calificar como bueno, pero cuando sale al mercado para la venta nadie lo compra.

Te contaré una historia, hubo un caso hace un tiempo en mi país, unos ingenieros inventaron un aparato mecánico que consistía en unos canales o travesaños calibrados que facilitaban la construcción de muros de ladrillo, se podía construir de una manera sistematizada, pues para llegar a una altura de muro normalmente un albañil tenía que hacerlo a lo que la vista o la experiencia le parecía, ya que los ladrillos tienen una medida exacta y las alturas de los muros no son siempre múltiplos de la medida de los ladrillos, entonces con este instrumento mecánico se podían entonces con este instrumento mecánico se podían apilar los ladrillos sin romperlos y más bien variando los espesores del mortero entre hilada e hilada.

Estos Ingenieros fueron premiados por su invento y salieron de viaje como parte del premio, tuvieron también una patente y cada persona que usara el sistema mecánico, tenía que pagar los derechos de autor por haber usado esa patente, pero tan rígida y artesanal era la forma de construcción local, que los albañiles no se acostumbraron jamás a la utilización de este instrumento.

Por lo tanto, a pesar de ser un invento muy útil nadie lo usaba, probaron incluso regalarlo, lo regalaron para que los ingenieros proyectistas y constructores lo especifiquen en sus diseños y así los albañiles lo tengan que usar ya que ahorrarían bastante tiempo y sobre todo conseguirían precisión, pero aun así que lo regalaban y reconocían que era una buena herramienta, esta no se vendía.

Entonces de todo esto se concluyó que no pudo venderse por una falta de aceptación del mercado.

Si te das cuenta ese fue un ejemplo muy claro, tu puedes inventar o comercializar un producto muy novedoso, muy útil, pero tal vez nadie te lo compre y no, porque no valga o porque sea malo, sino porque no es la necesidad del mercado en ese momento, porque si no es la necesidad del mercado, tu producto no se va a vender.

Y aún peor, te diré que la gente compra más lo que quiere que lo que necesita, muchas veces te habrás dado cuenta cuantas cosas has comprado y luego andan almacenadas y olvidadas en un rincón de tu casa.

¿Qué te hace pensar eso?, bueno, que no basta tener un producto para tener éxito en las ventas, así este nos parezca el mejor.

Entonces en primer lugar no está el producto, primero está la necesidad de tu mercado, por lo tanto no importa lo que yo vaya a vender, no importa eso, lo que importa realmente es que mi público, mi mercado objetivo esté dispuesto a pagar por ese producto, que les brinde soluciones a los problemas que esas personas están teniendo, todos como consumidores, compradores, no compramos cosas, compramos soluciones; por ejemplo vamos a la ferretería o un centro comercial donde vendan artículos de ferretería o si no nos vamos a comprar un cable o un foco por que se quemó, es más cuando quiero hacer un hueco en la pared y voy a comprar un taladro, realmente no voy a comprar un taladro, "voy a comprar un agujero", porque es lo que quiero hacer no me importa si el taladro es bonito, si tienes poca potencia o mucha velocidad, lo que me importa es que, cuando yo llegué a casa y quiera hacer un hueco, lo pueda hacer como yo quiero hacerlo y el taladro funcione, eso es lo que importa.

Entonces a la analogía de ¿qué es primero?, ¿el huevo o la gallina?, es averiguar la necesidad de un mercado, averiguar qué es lo que quiere tu mercado, y si tú lo puedes dar, entonces es momento de comenzar a trabajar en eso.

Entonces esto es algo importante que deberás de tener en cuenta, muchas personas, la mayoría de personas de negocios empiezan al revés, primero inventan el producto o el servicio, así lo sacan al mercado, pero no se ponen a pensar si este mercado tiene la necesidad real por su producto.

Antes debes de hacer una investigación y para eso son muy buenas las herramientas que nos brinda el Internet como por ejemplo la del Google Trends en el cual tú puedes ver si las personas están requiriendo ciertos servicios, cierta necesidad y entonces tú puedes percibir esto por medio de un estudio rápido de Mercado

## HABLANDO EL LENGUAJE DE TUS CLIENTES

Hablemos ahora un poquito sobre el lenguaje que debemos de usar con nuestros clientes, claro esto es importante en nuestra estrategia de marketing, en nuestra comunicación con nuestro público objetivo, utilizar el mismo lenguaje, por ejemplo podemos crear el que el "slogan" de nuestro producto en la estrategia de marketing usando el lenguaje de las personas.

Por ejemplo, te cuento que hace un tiempo desarrollé un curso de cómo ayudar a las personas a hablar en público, entonces antes de hacer el curso hice una encuesta por internet para saber qué problemas tenían las personas con respecto a hablar en público, entonces formulé las siguientes preguntas:

¿Por qué es importante para ti aprender a hablar en público?,

¿Qué problemas tienes tú para comunicarte en público?

Y las personas respondían que sentían miedo, otros se sentían desesperados y necesitaban ayuda y otros muchos decían que cuando estaban a punto de hablar en público se le iban las palabras de la mente y otros decían se le nublaba la mente y no sabían que decir, entonces el lenguaje que yo percibí era que la gente necesitaba ayuda para ordenar sus ideas y expresarlas al momento de hablar en público. Porque el hecho de que mucha gente usara las palabra de la "mente" quería decir que el nerviosismo lo dominaba, tal vez no lo decían de esa manera, pero ese fue el resultado de la encuesta y tome esas palabras y usé estas palabras en la estrategia de marketing del curso, es la razón de porque tú puedes usar las palabras adecuadas, por ejemplo "Si te encuentras desesperado por tener una solución al hablar en público este curso es par a ti", o por ejemplo, "este curso es para ti y te ayudará a solucionar el problema de que se nuble tu mente al momento de hablar en público, otro ejemplo puede ser, "Los 3 secretos para superar el miedo de hablar en público", etc. todas estas frases que están relacionadas con las respuestas que yo tuve de la encuesta me sirvieron para comunicarme con mi mercado, me sirvieron para usar su lenguaje, porque así no llegué de una manera extraña, no estoy llegando diciendo por ejemplo "técnicas para oratoria y para hablar en un auditorios", pues según la encuesta nadie uso la palabra oratoria, entonces nadie quiere recibir técnicas, nadie quiere pararse en un auditorio de repente, más común es cuando hay una reunión familiar y te dicen señor o señora hable por favor y no sabes cómo y qué decir, eso es lo más común o sea no nos vamos a ir a lo sofisticado que tienes que hablar en un auditorio, obviamente si alguien va a hablar ante un auditorio, va a hablar de un tema específico, su enfoque es diferente entonces le bastará con estar preparado en su tema, pero por otro lado la persona común y corriente no sube todos los días a hablar a un auditorio, ¿verdad?, entonces el secreto es ir a ese mercado utilizando sus mismos términos, sus mismos conceptos, sus mismas ideas, de tal manera que eso genera una conexión inmediata con la persona de tu mercado y tú, porque de esa manera se siente identificado y dice "esta persona realmente me entiende y me puede ayudar", "me va ayudar", por lo tanto esta persona que ve tu oferta se va a interesar más en ti, en tu producto, porque siente que vas a solucionar su problema, porque siente que tú lo entiendes de una manera directa, se siente identificado contigo y te ve como una persona que va dar la solución, no como una persona que está vendiendo, o sea lo importante no es ser un vendedor, porque vendedores hay muchos y la gente se siente ya hostigada de tantos vendedores, imagínate una llamada telefónica o una visita que es bien insistente termina en un rechazo total por parte del posible cliente hacia el vendedor.

Entonces cuando te presentas ante un prospecto o cliente, no le debes de dar la cara de un vendedor sino le vas a dar la cara de una persona que le puede brindar soluciones, que le puedes ayudar a solucionar un problema específico para esa persona, entonces como ella quiere solucionar un problema va acudir en tu ayuda.

## CONCEPTO DE PUBLICIDAD

La publicidad puede ser algo muy desconocido para aquellas personas que nunca lo han hecho, la pregunta más común que se hace la gente ante su primer contacto con la experiencia de hacer publicidad es ¿cómo hago publicidad de un producto o de un servicio?, si es cierto que existen ciertos principios para realizarlo, no es tan complicado como parece solo basta con ver un anuncio publicitario en la televisión y analizarlo con un poquito de detenimiento, si vemos los anuncios que están dirigidos a promocionar bebidas alcohólicas como la cerveza, alguna marca de ropa de vestir o de marcas automóviles, nos daremos cuenta que estas publicidades no reflejan las características del producto, no hablan de cómo han sido fabricados o de sus características propias, si no que conectan al público hacia un nivel emocional  por ejemplo si te hablan de una marca de cerveza, en la publicidad usan a personas que están consumiendo este producto y la enfocan dentro de un entorno alegre de bienestar, de playa y buena compañía tales como las modelos o chicas bellas, entonces nos damos cuenta que este tipo de producto va dirigidas hacia los varones; si es una marca de auto también te hacen ver, no las características del motor, ni del auto, ni cuánto va a consumir de combustible, o si tiene espacio etc., si no del estatus que alcanzaras si lo posees, de cómo te ven los demás cuando apareces ante tus amigos con ese automóvil caro o moderno, de cómo te sentirás tú.

Como ves este principio es muy importante y es el mismo que deberías utilizar en tu publicidad.

Anteriormente mencioné que en el modelo tradicional de hacer publicidad se usaba, como únicos medios de comunicación, la televisión, la radio o a prensa escrita, pero también había comentado que por medio del internet podías potenciar tu negocio. Para hacerlo existen varias plataformas pero solo mencionaré 3 o 4 las que creo son más importantes con las cuales puedes hacer publicidad a un costo muy, muy bajo y me refiero a que un visitante llegue a tu negocio virtual, a tu página web, de la manera más fácil y rápida, esta publicidad te puede estar constando entre 2 y 5 centavos de dólar (si te das cuenta es bastante económico comparado con hacer publicidad en otros medios de comunicación).

Ahora mencionaré la publicidad más poderosa que pueda existir en el internet, y estamos hablando de Google mediante la plataforma de Google Adwords. Dentro de esta plataforma puedes encontrar varias modalidades de hacer publicidad pero la más eficiente es de la red de búsquedas. Habíamos comentado anteriormente que muchas personas ingresan a internet en busca de dar solución a algún tipo problema.

Ingresan buscando temas en general; a estos temas o palabras que usan al buscar se le denomina palabras claves, entonces tu puedes hacer publicidad dirigida hacia un asunto específico y cuando una persona digite un tema, tu anuncio saldrá en el lado superior o en lado derecho de los resultados de búsqueda de tal manera que esta persona tenga acceso inmediato a tu negocio, curso u oferta que obviamente le ofrecerá la solución al problema que estaba buscando.

La otra modalidad, muy importante también bien, es la del Facebook. Esta es una publicidad diferente a la del Google Adwords ya que no va dirigida a la búsqueda, si no por medio de la interrupción o sea publicidad por interrupción y ¿cómo funciona esto? si tú has visto o haz usado tu cuenta de Facebook lo primero que haces es ver los perfiles de tus amigos, contactos y sus fotos, entonces si miramos al lado derecho veras que aparece una línea vertical con varios anuncios las cuales cambian con el tiempo. Estos quieras o no; captan tu atención llevándote, de manera involuntaria, a hacerle click y desde el momento que abres o clickeas ese anuncio ya se está generando un cobro en ese anuncio, a eso se le denomina "cobro por click" y este es el que le redirige a tu Fan Page o a tu página de captura (de la cual hablaré luego), o a tu página web para hacerle enterar a esta persona, que tú tienes algo que le puede ayudar por eso se le llama publicidad por interrupción porque generalmente las personas usa el Facebook, no para comprar cosas ni para vender, si no para socializar, para estar viendo los enlaces de sus amigos, para interactuar o dejando comentarios dándole "me gusta" a algún comentario o foto, entonces desvía su atención, la interrumpe y trata de llamar la atención por medio de una foto o una imagen, está imagen que tu coloques en tu anuncio puede ser trascendental para el éxito de tu publicidad, hace que la atención de la persona que está navegando, salga de su zona de interés, que es la de ver las publicaciones de sus amigos, y vaya hacia esa imagen o foto llamativa y como segundo paso escoja tu figura de entre muchas.

Se pueden hacer anuncios tan específicos en Facebook, puedes personalizar la audiencia a quienes llegar, por ejemplo puedes mencionar el país en el cual viven, puedes seleccionar el intervalo de edades a las cuales te vas a enfocar, puedes seleccionar los gustos, preferencias, estados (si es casado o soltero), grado de instrucción, idioma, etc. puedes seleccionar de manera muy específica a qué tipo de público te quieres enfocar, cual es el nicho de mercado que tú quieres, esto hace se sea más privado entonces la campaña de publicidad resulta más económica porque te dirigirás solo aun grupo específico y no a todos, solo harán click las personas que stán realmente interesadas en tu anuncio y que estén dentro del rango de búsqueda que tu haz elegido.

También existen otras plataformas como son el Bing y Yahoo que ahora son una sola por que Microsoft las ha unido, pero estas plataformas también tienen el mismo concepto que Google Adwords, que te permite hacer publicidad en las redes de búsqueda.

Ahora hay una diferencia entre todas ellas, cada una de las plataformas que te he contado tienes distintas políticas de publicidad, por ejemplo Google tiene políticas muy estrictas de publicidad y no permite ciertos tipos de publicidad como oportunidad de negocio, oportunidades para ganar dinero, si tú tienes un negocio que se trate de hacer ganar dinero a las personas, de repente Google no te va probar los anuncios.

En Facebook sucede algo similar, pero en este caso si te permite poner anuncios relacionados pero no tan agresivos, estos anuncios tienen que ser más suaves, más que todo dirigiros a la capacitación o instrucción.

En cambio Bing si te permite todo tipo de anuncios y sus políticas de publicidad son más flexibles.

## CAPITULO 5: CUANDO EMPEZAR MI NEGOCIO

Muchos emprendedores pasan un tiempo considerable planificando, estudiando y preparándose para iniciar su negocio, pero nunca se sienten listos para hacerlo, siempre sienten que necesitan aprender más, que deben de juntar un capital mayor o que aún no es el momento, entonces ¿cuándo empezar mi negocio?

## ¿COMO SE, SI ESTOY O NO LISTO PARA EMPEZAR MI NEGOCIO?

Es cierto, muchas de las personas que han deseado o que ya hemos emprendido nuestro propio negocio, en algún momento nos hemos hecho esta pregunta, tenemos la intención, tenemos los deseos, las ganas y todo para querer empezar algo, un proyecto en mente, de repente queremos involucrar a más personas en nuestro negocio, tenemos todo listo pero que pasa entonces. Simplemente no hacemos nada, no empezamos.

Pasa el tiempo y mucha gente ve como sus sueños se desvanecen, ya que siempre existe la idea de que aún no estás listo para empezar, pensamos que aún nos faltan más conocimientos, más experiencia, más capital de trabajo, quizás más capacitación o una mejor oportunidad y no lo empiezas.

Entonces nace una pregunta en nuestra mente ¿cómo se si estoy listo para empezar mi negocio? Déjame decirte algo que tal vez te va a sorprender, si tú quieres estar listo para empezar un negocio o cualquier proyecto que tengas en mente, nunca lo vas estar al 100%, porque siempre va a faltar algo, no existe nada perfecto, siempre va faltar algo que aprender, implementar algo que modificar, que corregir, pero tú buscas la perfección y como nunca va llegar nada a ser perfecto, entonces, nunca vas a empezar.

El mejor momento para que empieces es ahora mismo y en el camino vas a encontrar oportunidades para mejorar, ya sean los procesos o la capacitación, ya sea en la estrategia, pero si no empiezas nunca vas a poder aprender.

Te diría entonces que el mejor momento para que empieces es ahora mismo.

## ¿CUAL ES MI MOMENTO PERFECTO?

Lo principal que debes poseer, sobre todas las cosas, es voluntad, ganas, compromiso contigo mismo al momento de emprender un proyecto nuevo, tener tu objetivo bien trazado y saber porque lo estás haciendo.

El "Porqué" también es muy importante y cada uno tiene un diferente porqué.

El "porqué" de alguien puede ser su familia, su propio desarrollo personal o profesional, otros pueden ser el buscar una mejor calidad de vida, tener más tiempo libre y quizás viajar alrededor del mundo.

Cada quien tiene un "porqué" distinto, puede ser también por mejorar su salud ya que hay personas que por problemas de salud a veces no pueden ejercer un trabajo o quizás ya tengan problemas con el trabajo que están ejerciendo ahora y quieren salir de esa rutina y dedicarse a otra actividad que le permita tener su salud más estable.

El "porque" es aquello que hace que te levantes cada mañana y puedas tener la decisión de hacer algo por ti, por tu familia o por tu negocio. Es aquello que te motivará, te dará fuerza en algún momento cuando tengas adversidades o sientas que algo no te salió bien.

Como ya te había dicho el momento para que inicies un negocio es "ahora" pero hay muchas maneras de hacerlo eso no quiere decir que lo hagas de manera abrupta o a ciegas. Para que tu negocio empiece a funcional al máximo nivel tienes que ir implementando cada cosa que aprendas, por ejemplo estás leyendo este libro en el que vamos enseñando de capítulo en capítulo, te he dado información, te he dado datos, te he enseñando el camino para que tú lo sigas y lo mejores, pero si tu simplemente lo lees, lo guardas y dices "mira que bien, que interesante, estoy entrenando, estoy aprendiendo", está bien, pero cuando el entrenamiento no va acompañado de implementación, ese entrenamiento se vuelve un simplemente en entretenimiento, el solo hecho que tengas la información y no la pongas en práctica, no hace que tu pases a otro nivel, ni tampoco que logres tener éxito en tu negocio.

Debes estar en constante renovación, no siempre la información que recibas va a ser la misma, pues con el trascurso del tiempo, se va a ir actualizando, habrán nuevas herramientas, nuevas estrategias, habrán muchas cosas nuevas que tendrás que saber, entonces si quieres que tu negocio este acorde con el avance tecnológico y de actualidad. Implementa lo aprendido tan pronto como puedas.

Si no comienzas hoy mismo, no vas a poder aplicar los métodos y medidas necesarias para llevarlo a cabo, siempre (el avance de la tecnología, si hablamos de los negocios), va a estar un paso más adelante que tú, te va a ganar porque se te hará difícil seguir su ritmo, salvo que empieces ahora y te dejes guiar al igual como si estuvieras en una ola que te lleva, te arrastra a lo largo y en ese largo camino y así vayas aprovechando cada momento para que puedas estar totalmente capacitado, listo y preparado.

No aplica lo que tradicionalmente nos decían en la universidad o en los institutos profesionales, "tienes que terminar tu carrera, tener un periodo de práctica para recién pensar en ejercerla", si no tienes ese periodo de practica o de entrenamiento nunca podrás lanzarse al mercado, entonces yo te recalco eso puntualmente porque sé que esa idea se maneja en estos tiempos, estudiar, practicar y agarrar experiencia y mucho después estarías listo para ejercer tu profesión, pero esta práctica no se aplica en los negocios.

Ha habido muchas personas que han logrado tener mucho éxito en los negocios, sin tener aparentemente un proceso tan largo, esto es debido a que su aprendizaje y desarrollo ha ido paralelo a un proceso muy largo de implementación y prueba - error.

La experiencia no es algo que se te pueda enseñar o que se pueda transferir, la puedo contar o compartir pero no la puedo hacer parte de tu vida, así diga lo que diga o te muestre lo que te muestre, es tu experiencia, lo que importa eres tú, vive tu propia experiencia para que puedas sacarle el máximo provecho y ayudar a muchas personas.

## ¿QUE ES EL FRACASO?

Cuando vayas a realizar un negocio NO debes enamorarte de él, tienes que enamorarte de tu objetivo pero no de tu negocio porque, como se había mencionado anteriormente, la economía es fluctuante, este aspecto de la crisis, y todas esas cosas que van a ir pasando siempre, te van a llevar a que probablemente tengas que cambiar de giro más de una vez, pero si tú te enamoras de un negocio, de una fuente de ingreso, entonces tal vez esto te va a favorecer en la medida que la economía te sea favorable pero cuando las cosas sean adversas y ese negocio simplemente no funcione te verás obligado a tener que cambiar a otro tipo de negocio, de manera estratégica obviamente, pero tú y tu objetivo va ser el mismo; entonces esto es lo que genera temor.

Hay negocios que no se verán afectados y no cambiaran, se mantendrán a pesar de la crisis o la baja de la bolsa que son por ejemplo los negocios relacionados con la salud o la alimentación, las personas siempre van a querer alimentarse y tienen que ir al médico, lo importante es que tengas tu objetivo claro como primer lugar, en segundo lugar el temor al fracaso siempre va existir porque nosotros por naturaleza tenemos la necesidad de sentirnos seguros, nos gusta caminar sobre suelo firme pero cuando uno siente que algo no está siendo totalmente seguro o no va bien, entonces sale este sentimiento de inseguridad de miedo, temor, pero eso es normal sentirse así y eso lo va a ir perdiendo cuando estés profundizándote o involucrándote más al tema de negocios, si siempre vas a permanecer a fuera como espectador, entonces nunca vas a vivir esa experiencia.

El fracaso simplemente es un estado, es parte de tu camino, no todas las batallas pueden ser ganadas, no todo va ser victoria, simplemente habrán algunos campos o algunos negocios que no te salgan como esperabas, saldrán bien, pero no como tú lo habías planificado o tal vez salgan muy mal y este resultado no será porque tu hayas tenido temor o que la falla haya sido estratégica en cuanto hacia tu persona, si no por que habrán condiciones externas que de repente no lograste manejar y hayan hecho que tu negocio no sea prospero, pero que pasa, si tú ves esa tendencia, lo que tienes que hacer es modificar tu estrategia, dar giros o cambiar a otro enfoque que te permita aprovechar  el resultado  de ese negocio y aprovecharlo de alguna manera.

Ese es el enfoque que debemos de tener.

Siempre tienes orientarte o dirigirte hacia la búsqueda de una solución y no en el problema, si es un problema muy grande entonces necesitaras una solución grande. Debes enfocarte en la solución, en cómo vas hacer para ganar, en cómo vas a hacer para solucionar y enfocarte en no tener más problemas si no en la solución de estos mismos.

## COMO AFRONTAR EL QUE DIRAN.

Quizás este sea el reto más difícil al cual te enfrentaras sobre todo si nunca te has dedicado a un negocio.

Tu familia verá que estás realizando otras actividades y que estás dejando de lado las que normalmente hacías, las cuales para ellos eran "normales", tal vez ellos no lo comprendan, entonces como hacer para que te entiendan y te apoyen.

Otras personas que también estarán observándote o te evaluaran son tus amistades tanto las del entorno laboral como las del entorno familiar, seguramente van a preguntarse a sí mismos, y te lo van a decir, el porqué de tu comportamiento diferente, todo esto te puede generar presión, te vas a sentir comprometido, porque vas a querer quedar bien, vas a querer su aprobación.

De cierto modo, lamentablemente la mayoría de personas viven dependiendo de esta aprobación de los demás y basan sus acciones en torno a esto.

Si nos trasladamos a tiempos antiguos cuando habían tribus o civilizaciones prehistorias, el ser desaprobado, por todos era terrible al punto que si alguien era desaprobado por hacer algo diferente a los demás lo echaban  de la manada o de la tribu y con el tempo moría ya que sólo era presa fácil de depredadores y demás peligros, pero ahora en el siglo XXI no es así, de hecho las personas que han llegado triunfar en sus negocios o en sus proyectos son aquellas que se han opuesto a la mayoría de personas, generalmente y de manera errónea, siempre lo tildaban de locos o raros, pero son estas personas las que, realmente, han marcado en la historia.

Entonces, no tengas temor de apostar por eso y si te consuela saber esto, cuando tengas un proyecto en mente, no lo comentes con todo el mundo a primera instancia, porque de repente te topes con alguien muy pesimista y te van a hacer ver, de todas las formas, las desventajas que tienes tu o que vas a tener al querer implementar este proyecto y muy pocos te van a decir que ventajas tienen.

Hay muchas personas, que incluso ellas mismas ni lo saben y se sienten frustradas consigo mismas por que no han logrado lo que alguna vez quisieron o soñaron porque lo vieron lejos o imposibles y al ver que tú tienes ideas innovadoras emprendedoras que tienes las ganas y la motivación para hacerlas, te van a decir que tú tampoco lo puedes lograr, lo importante es enfrentarlo.

Aquí tu mentalidad juega un rol muy importante, aquí veras que tan fuerte eres y como podrás superar etapas duras, ya que van a ver momentos en las que quieras dejarlo todo sin importar cuanto hayas avanzado, como se dice vas a querer tirar la toalla y volver a lo que eras antes pero, esto es normal, esto va pasar, porque tienes que entender que cuando empiezas algo nuevo vas a tener muchas oposiciones y adversidades, el tema es ir superándolo poco a poco.

## CAPITULO 6: CAMBIO EN TUS HABITOS

Una nueva etapa en tu vida requiere una nueva persona, nuevos hábitos deberán de ser incorporados a tu vida para ser congruente con tus objetivos y en consecuencia con tus resultados.

**COMO VENDER SI NUNCA ANTES LO HICISTE**

Muchos de nosotros hemos vendido sin darnos cuenta. Muchas veces hemos hecho cosas para vender pero no lo hemos visto al detalle o quizás no lo hemos identificado; a que me refiero con esto, si realizas una actividad y la ofreces a otras personas, de alguna manera, les estas vendiendo un tu servicio, un evento o una acción.

Te doy un ejemplo muy simple, si tu estas organizando, una fiesta en tu casa o en un local ya sea por un cumpleaños matrimonio o cualquier evento sea grande o pequeño, invitas a algunas personas a ese evento, entonces desde ese momento le estas vendiendo la idea de asistir, pero, en este caso, no involucra dinero, incluso puedes intercambiar un beneficio y quizás ya estés vendiendo algo; ahora ponte a pensar cuantas veces tú has hecho esta actividad, cuantas veces tú has buscado un trabajo y has presentado tu Curriculum Vitae y te han preguntado: Sr. O Sra. dígame porque tendría que contratarlo; y tu responderás: porque cumplo con esas cualidades y tengo la habilidad para desempeñar ese puesto, también soy muy responsable, puntual etc. Entonces, en ese momento, te estas vendiendo a ti mismo. Estas vendiendo tu personalidad.

Todas las carreras profesionales tienen que ver con la venta (Aunque muy pocos lo identifican), pues en la mayoría no enseñan cómo vendernos a nosotros mismos, nuestros servicios, con nuestra personalidad, por eso este libro se llama **Vendiendo Tu Personalidad.**

Debes de saber, entonces, que lo más importante ante todo, es que tu aprendas y practiques, debes cultivar la importancia de trasmitir valor hacia otras personas, cuanto más puedas solucionar los problemas de otros, entonces más fácil va ser que tú puedas venderte a los demás, cuanto más problemas tenga la gente, cuantos más problemas aparezcan en la vida de una persona, va a requerir más soluciones y tu estarás ahí para que le brindes esas soluciones, te convertirás en un solucionador de problemas.

Cuando puedas solucionar, no solo tus problemas sino también la de los demás, será ahí donde encuentres la oportunidad de venderte, de vender esas soluciones y no vender de una manera lucrativas solamente, si no con la mejor y mayor intención de ayudar a otras personas y ¿cuál es la finalidad?

Porque será esta persona la que te va a referir a otras, sea cual sea en el negocio que estas emprendiendo. Si con tu servicio o producto, ayudas a solucionar los problemas de una persona, esta va quedar tan contenta, tan agradecida que no va a venir a decírtelo (o tal vez sí) y no solo eso, lo más importante es que esta persona te va recomendar, te va referir a otra, entonces ese otro va venir y también te va referir a otra persona y todos ellos serán tus clientes.

**Pág. 90**
http://www.vendiendotupersonalidad.com

En resumen esto es algo que tú debes cultivar, ya sea en cualquier rubro, tu cliente esta primero y tú tienes que ayudarlo, tienes que hacerlo sentir bien, tienes que invitarlo a que él pueda y desee regresar donde ti, ese es el concepto.

## ¿POR QUE DEBO CRECER COMO PERSONA?

Esto quizás sea una de las cosas más importantes pero, que lamentablemente no se le da la importancia que merece.

La mayoría de las personas se preocupa más por los aspectos técnicos de un negocio o en la contabilidad, del plan de negocios pero no se preocupan en crecer como persona o hacer crecer a sus empleados, pero ¿por qué esto es importante?

Porque todo esto se va a ver reflejado en la atención al público, en las ganas que le ponen al momento de realizar su trabajo día a día y en todo a lo que se refiere a la atención al cliente, lo cual es lo más importante.

Debes crecer como persona, porque esta manera vas a tener más que dar, más que ofrecer a tus clientes y los podrás ayudar mejor.

Definitivamente debes de enfocarte en aquellas cosas positivas y no en las negativas, no en los problemas pero si en las soluciones.

Debes de mejorar en ciertos aspectos y el primer aspecto es en la mentalidad.

Tu mentalidad tiene que ser fuerte (para que puedas salir de las adversidades), dócil (para aceptar sugerencias y aceptar que uno está en constante aprendizaje), no debes dejar que nuestro ego llegue a eclipsar nuestra capacidad de razonar.

Tu mentalidad debe estar preparada para los momentos buenos tanto como en los momentos malos, tienes que transmitir, con tu comunicación y tu trato directo hacia tus clientes, la confianza, credibilidad que ellos buscan y sobre todo ser una persona que aporta y da valor a los demás.

En segundo lugar, tienes que crecer en conocimientos para dar mejores frutos, porque si no lo hacemos y pensamos que lo sabemos todo y creemos que no debemos seguir aprendiendo, simplemente seremos como árboles secos que ya no dan frutos, eso es no que nadie quiere llegar a ser. Cultivemos nuestro conocimiento y no solo hablamos del conocimiento técnico de unos negocios, sino también al conocimiento de "visión" y ¿cómo es esto? Muy pocos se enfocan en esto porque ven solo la parte técnica u objetiva, sin embargo la visión es muy importante.

Quizás escuchado hablar de algunos personajes conocidos internacionalmente, los cuales han obtenido éxito en su carrera, en su vida, en sus negocios como Herry Ford, Rober Kiyosaky, Donald Tran. Son personas que han nacido, han partido de nada, de tener nada (en el aspecto material) y han crecido mucho como personas, logrando que este éxito se vea reflejado en el aspecto material, económico y de negocios.

Muchos de esto personajes, tras su éxito, han redactado memorias, libros, que describen los pasos que ellos dieron y dicen, claramente, que "El Éxito deja Huella". Cuando ha tenido éxito es porque ha seguido ciertos pasos y la manera de saber cuáles fueron esos pasos es leyendo sus libros, ver qué estrategia siguieron, cuáles fueron sus principios, desde el inicio hasta la actualidad y absorber toda la información posible para que la puedas implementar esos conocimientos en tu vida o en tu negocio.

El reflejo de la parte material o económica, te mostrara cuanto has crecido como persona hasta el día de hoy, obviamente, aquella persona que tenga más valor que dar al mundo y no solo del punto de vista material sino, la capacidad de poder solucionar un problema esto quiere decir que cuando tengas un problema muy complejo u otra persona, estarás ahí para apoyarlo y buscar esa solución y pagarán por tu servicio. Es por eso, que este concepto es muy importante y te recomiendo leer algunos libros ya que estos te ayudara a tener un enfoque muy fuerte y una mentalidad muy adecuada que te permitirá desarrollar este tipo de proyectos.

Hay un libro de Napoleón Hill "Piense y Hágase Rico". Este personaje estudió durante muchos años a personas que habían obtenido, durante esa época, mucha riqueza y logró entrevistar y analizar sus vidas, de manera de identificar los factores que eran comunes a todas aquellas personas.

Toda esa experiencia la escribe en ese libro y la resume dando 6 principios para obtener la riqueza y una de ellos es el de "crecer como persona", otro es el de "preparar tu mentalidad" para crecer cada vez más y acompañado a esto va la visualización, como la ley de la atracción y el poder de los pensamiento y la mente, hay pocas personas que ponen en práctica esto pero sí lo haces de manera inconsciente notaras los cambios que sucederán en tu personalidad y en tus resultados.

Aquella persona que todos los días está quejándose de su mala suerte o se está lamentando acerca de cuan mal le va, con sus pensamientos y sus palabras, lo único que está atrayendo es la negatividad, por lo tanto es lógico que esté pre dispuesto a que le vaya mal.

Por otro lado, aquella persona que dice de sí misma ser buena, que no le ha hecho mal a nadie, piensa que el destino o la vida le va a retribuir algo a cambio, pero está equivocado, porque de eso no se trata, no depende de lo bien o mal que te hayas portado sino de cuanto aportes a otras personas.

No esperes nada a cambio, da lo mejor de ti, porque esa es tu finalidad y con el tiempo veras que esto se te retribuirá logrando tu bienestar personal, eso es lo que verán las personas, no solo tu bienestar económico sino también tu bienestar mental y espiritual, porque te verás tranquilo, cómodo y no estarás preso del estrés, podrás tener la calidad de vida que tanto anhelabas, obtendrás tu Libertad Financiera. No te enfoque solo en ganar dinero a manos llenas, sino también en crecer como persona, el dinero no te lo llevaras a la tumba. Pero si dejarás tu personalidad y ahínco como legado.

Te contaré una historia que leí:

Se trata de un experimento que hicieron, es el caso de un mendigo el cual se ganó en la lotería un millón de dólares, obviamente este hombre se sentía muy afortunado y no lo podía creer.

Al paso de dos años y volver a buscar a este hombre la sorpresa fue grande, pues nuevamente se encontraba en la misma esquina pidiendo limosnas.

Por otro lado a un hombre muy rico, pudiente, perdió todo su dinero por una mala inversión y una traición de una persona de su entera confianza, este hombre quedó en la ruina, en dos años cuando se volvió a saber de él se dieron con la sorpresa de que volvió a ser rico.

## ¿QUE ES EL CONTACTO FRECUENTE?

El contacto frecuente es una técnica, obviamente de marketing, que nosotros debemos y tenemos que implementar porque estamos hablando que nosotros queremos fidelizar clientes entonces, por ejemplo si tú vas a una peluquería el 99% de las peluquerías no te piden los datos, no te piden tu nombre o tu correo electrónico, verdad?, simplemente te dan el servicio, te lo cobran y adiós, ese cliente de repente vuelva a la peluquería al mes siguiente o de repente nunca más vuelva, nada te garantiza eso.

Pero qué pasaría si esta peluquería tomara los datos de todos los clientes, de todas las personas que van a cortarse el cabello, a teñirse, arreglarse y tomaran nota no tan solo de su nombre, sino también de su cumpleaños y correo electrónico y pudieran contactarlas frecuentemente por este medio electrónico de tal manera de que los mantenga informados de alguna promoción especial: por ejemplo "esta semana puedes venir a cortarte el cabello con un descuento del 30%" o de repente aplicarse algún tratamiento o cualquier otro servicio, le está alertando que tiene una oferta exclusiva para esa persona, entonces este cliente se va a sentir importante, va a acudir de manera frecuente y no va a ir a tu competencia, esta es una manera de fidelizarlo y si usas otra estrategia de venta como saber cuándo es su cumpleaños y mandarle una oferta especial, eso es totalmente agresivo, entonces sucede que va a venir a cortarse el cabello, a ondularse o a acondicionarse , pero le podrías hasta dar de regalo de cumpleaños tu servicio, y esto ...¿es gratis?.

No piense que esto será una perdida sino más bien, en una inversión porque este cliente llamara a otros clientes, no todos los días tus clientes cumplirán años, vas a ganar mucho más que esa persona no solamente se vuelva tu cliente si no va ser tu fan y no solo eso sino que te va a promocionar  te va recomendar y vas a brindar un servicio que ningún otro lo está haciendo entonces vas a ganar un posicionamiento muy fuerte. Vas a tener publicidad prácticamente gratis.

Pero para tener contacto frecuente de repente no necesitas tener, como te lo estaba mencionando, mucho tiempo o contratar a alguien especial para que te esté llamando a las personas mandándoles a los correos hay sistemas y herramientas que son para esto que son automatizadas en las cuales tu ingresas los datos de la personas y estos sistemas se encargan de enviar correros de manera automática en la fecha o en el intervalo de tiempo que tú le decidas y tus clientes recibirán los correos electrónicos como si tú los estuvieras redactando.

Pero, ¿porque sucedió esto?, porque el mendigo tenía una mentalidad de mendigo, su mete nunca cambio, este nunca aprendió a trabajar o a invertir, solo se dedicó a despilfarrar el dinero que había ganado, en cambio al hombre que volvió a ser rico, este hombre si tenía una mentalidad totalmente distinta, pues este si sabía lo que era trabajar, tenía una mentalidad muy rica y con mucho esfuerzo y trabajo constante volvió a ser rico, lleno su vida de oportunidades y nunca se rindió.

Esto muestra lo importante que es crecer como persona y no sólo en la cuenta bancaria por decirlo de alguna manera.

# ¿CUAL ES TU CLIENTE MAS FACIL DE VENDER?

Si tu tuvieras que escoger a alguien con quisieras hacer negocios y viene una persona que tú conoces desde hace tiempo, sabes donde vive, sabes cuáles son sus trabajos, cuáles son sus círculos de amistades y te propone un negocio y a la par vendría una persona que no conoces que nunca has visto en tu vida y te propone a hacer un negocio a ¿cuál elegirías?... obviamente que escogerás a la persona con la cual ya sabes quién es, con la persona que conoces ¿verdad?

Bien entonces de la misma manera cuando tú tienes un negocio y tienes algunos clientes; es más fácil que le puedas vender a ese que ya es tu cliente, que le puedas vender el mismo producto recurrente u otro nuevo producto porque ya te conoce por que ya sabe que tu cumples con la entrega del producto o servicio, con la calidad del mismo, más difícil es vender y fidelizar a uno que nunca te ha visto, que nunca ha probado tu producto.

Obviamente el cliente más fácil de vender es aquel que ya te compró una o más veces y es, por el cual, el que te debes de preocupar.

Muchas empresas o negocios lo que hacen es siempre en búsqueda de nuevos clientes y no se preocupan en fidelizar a los que ya tienen, entonces esos clientes que ya tienes, que ya vinieron a comprarte, simplemente se fueron y no sabes si volverán.

No solo basta con traer nuevos clientes, es bueno, pero lo único que estás haciendo es dar vueltas y nunca vas a hacer circular tus ingresos, porque lo que estas metiendo por un lado, ya sea por publicidad, por atracción, tus clientes antiguos se están yendo a la fuga.

Entonces la idea es que pongas como una especie de traba o tapón para que estas personas no se vayan, y como lo haces?, simplemente fidelizando, tapando la salida, atrapándolos por medio del contacto frecuente, que ya te he explicado que es, los atraes nuevamente y no los traes solos, si no con un amigo o familiares, le puedes dar ofertas, precios especiales para que esas personas regresen y seguramente después de unas 4 o 5 visitas o tal vez menos, esta persona va a regresar por si sola y no vas a necesitar darle un motivo especial, porque ya lo vas a tener cuando saques un nuevo producto y cuando pongas en tu producto en vitrina, lo ofertes y lo expongas, al ver que eres tú el que lo promociona, naturalmente van a querer comprarlo porque ya saben que tus servicios son buenos, para esto, obviamente tu producto o servicio debe ser de muy buena calidad y no mediocre ya que lo único que encontraras es el rezado, la mala reputación y eso es lo que NO queremos.

## COMO OBTIMIZAR TU TIEMPO Y LA RESPONSABILIDAD DE SER LIBRE

Uno de los motivos más fuertes de todo emprendedor que quiere iniciar un negocio es el buscar la libertad, porque de alguna manera se siente preso o un poco limitado en su empleo actual, quiere salir de ese círculo, quiere tener más dinero, quiere tener más tiempo libre, quiere hacer con su vida nuevas cosas.

El ser libre no quiere decir solamente hacer lo que a uno le plazca, no ir a trabajar nunca, dormir hasta tarde, es parte dé también, todos tenemos derecho a eso, pero no es el objetivo principal; el objetivo principal es que hagas con tu tiempo, lo que responsablemente sea, lo mejor o adecuado para ti y para tu crecimiento, para tu negocio, para tu prosperidad, para ayudar a las personas, obviamente esto se convierte más en una responsabilidad porque, si nunca sido jefe de nadie, cuán difícil será ser tu propio jefe, o sea, como podrías establecer normas y reglas para ti.

Para que tu crezcas como persona debes aprender cómo administrar tu tiempo, si nunca lo has hecho, entonces, peor será aun, controlar el tiempo de las personas que posteriormente, vas a emplear; como les vas a decir que hacer, como administrar su tiempo o sus actividades si tú mismo no sabes hacerlo, todo será un caos, un desorden, todo el mundo va hacer lo que quiere y no van a estar enfocados en el objetivo de tu empresa, lo principal es organizarte tú mismo.

Ya cuando estés en una etapa en la cual tú ya hayas aprendido de tu negocio, ya eres dueño de tu tiempo (ya sea de manera total o parcial), de repente puedes trabajar medio tiempo y el otro medio tiempo dedicarlo a otra actividad como por ejemplo, pasar más tiempo con tu familia, estudiar algún nuevo idioma, hacer lo que siempre te pasión, como la música, el arte o el deporte.

Nunca olvides optimizar tu negocio, tienes que mejorar día a día, tienes que definir qué vas hacer y cuáles son las labores que generan más productividad en tu negocio, esas actividades las vas a ver con mucho cuidado y le debes de  dedicar el mayor tiempo posible para que se puedan desarrollar, es muy fácil distraernos en nuestro trabajo porque vivimos en la era de la distracción, prácticamente por que una persona que trabaja en una oficina en una computadora puede estar haciendo un labor o una tarea concentrados y de repente le llega un mensaje de correo electrónico y se pone a leer y ven un enlace lo pican y los llevan un video, el video los lleva a otra cosa y dejaron a un lado la actividad productiva que estaban realizando, entonces cuando tú te concentres en hacer una actividad productiva, digamos 2 o 3 horas concéntrate al máximo, concéntrate en eso, cierra tu correo electrónico y concéntrate en hacer lo que tienes que hacer ya luego habrá tiempo para que hagas lo que quieras como leer tu correo electrónico u otras actividades.

No olvides que de ti depende que tu negocio sea muy rentable entonces dedícale el tiempo suficiente para lograrlo.

# CAPITULO 7: LOS PRINCIPIOS PARA LAS VENTAS

Sin duda alguna, este es uno de los capítulos más importantes de este libro, ya que va a ser aquel que te va permitir implementar los principios para las ventas ya que la forma de cómo hacerlo, la tecnología, las estrategias puede cambiar con el tiempo pero los principios no han cambiado en muchos años y no cambiaran tampoco, solamente tienes que aplicarlo a tu negocio.

Si ya tienes un negocio puedes implementar estos principios desde hoy y si aún no lo tienes, podrás iniciar tu negocio con estos principios.

## PRINCIPO N°1: ENCUENTRA TU MERCADO SEDIENTO

Casi siempre sucede en todos los casos de emprendedores. Muchas personas inventan algún producto y creen obviamente que es el mejor y de hecho puede serlo para algunos, porque cuando uno inventa algo y sobre todo si le ha costado mucho trabajo, piensan que todos van a querer comprarlo o van a desear este producto, pero no siempre es así.

Las personas cuando busca comprar algo no buscan un producto en sí, si no busca una solución para una necesidad.

Lo que tienes que hacer ante todo, es buscar la necesidad de tu mercado, necesitas buscar e identificar cuáles son los problemas y después inventar, buscar o dar la solución a ese problema.

No debes empezar al revés. Como se mencionó en capítulos anteriores cuando se habló de esta analogía sobre "que es primero el huevo o la gallina", acá ya está un poco más aplicado.

En resumen, lo primero que debes hacer es Investigar, ver cuál es la necesidad de tu mercado y sobre todo, no te enamores de un producto, si tú en verano tienes que vender biquinis y te enamoraste de este producto y te dijiste: ¡¡voy a vender biquinis siempre¡¡¡¡ estarás perdido oportunidades porque cuando llegue el invierno no vas a poder venderlo, tienes que cambiar a un producto que en ese momento tu mercado este necesitando. Entonces te recomiendo tener varios productos para que tu marketing sea flexible de acuerdo al mercado objetivo, de la estación del año, de la época, del país, de la cultura, del idioma.

Lo primero que debes hacer es un sondeo sobre tu mercado, sobre qué es lo que están necesitando, es en ese momento en el cual apareces en sus vidas para solucionar el problema.

De esta manera la venta que tú vas a realiza se va a hacer con mayor facilidad.

Esto es aplicable a todos los productos no solo a los de venta por internet o a los productos de información.

Simplemente tienes que saber cuál es la necesidad que busca tus clientes  tienes que saber cuál es el problema y solucionarlo, de eso se tarta este principio número 1.

## PRINCIPIO N° 2: BASA TU NEGOCIO EN TU PERSONALIDAD

De eso es lo que trata este libro de vender tu personalidad, es que normalmente hasta hace unos años, incluso hasta ahora pero con menos tendencia, los negocios se ven de otro punto de vista, las corporaciones, las empresas son las que, en un pasado, han venido dominando los mercados.

Si alguien se presentaba con una tarjeta, en donde aparece tus datos principales y aparece tu puesto o tu rango, como gerente general, técnico general, administrador, contador, jefe de recursos humanos de la empresa X, eso era lo que vendía, ese era el impacto que causabas en tu público objetivo.

Conforme ya el tiempo está pasando y las cosas van cambiando, este concepto está cambiando, ¿por qué? Por el mismo hecho de que el internet se está involucrando en el campo de los negocios.

En el internet, si tú te das cuenta, las páginas más fuertes, que tienen más tráfico ¿cuáles son?, Google, YouTube, Facebook, no necesariamente en ese orden pero si Google esta primero y ¿cuáles son las características especiales de estas 3 páginas?

En primer lugar en Google el motivo por el cual es el más visitado y está en primer lugar es porque tienen mucha información disponible y encuentras todo pero si vas a otros navegadores lo primero que encuentras es una pantalla llena de anuncios publicitarios, noticias, en cambio Google encuentras una pantalla limpia, blanca con una barra de buscador. Por otro lado tiene muchas herramientas gratis, está enfocada en la persona, en el usuario, en cada uno de nosotros, tu no ves en Google la imagen de su edificio o la imagen de su empresa, ni su ubicación, a pesar ya sabemos que está en los Estados Unidos y sabemos que es una gran empresa, muy solidad, muy grande, en su página tu no ves nada de eso, nada con respecto a ellos, ellos no utilizan su imagen corporativa para posicionarse en el mercado, si no que se enfocan en llegar al usuario, o sea tú, cuando entras a Google sientes que eres el más importante porque solamente te prestan la barra del buscador, ni siquiera te presentan publicidad y ni ves que ellos se estén monetizando por publicidad de hecho Google no hace publicidad en banners y en ni un aviso similar en su página principal, te puedes dar cuenta que esta empresa a pesar de ser muy grande de ser un monstruo, no utiliza este beneficio, esta característica para poder sacar provecho a su posicionamiento.

Habíamos mencionando también a YouTube. Por qué la gente entra tanto a YouTube?, por qué visitan tanto el YouTube?, simplemente por pasarla bien, sirve para entretenerse paso también pueden buscan información, pero es más usada para divertirse, para estar entretenido y también para buscar información.

Esta tampoco es un plataforma en la que cuando tu entras te muestra una plataforma de corporación grande, no te vende nada desde un inicio, ese no es su enfoque, está pensando más en tu persona, te brinda, de una manera gratuita, puedas tener un canal exclusivo para ti y puedas publicar tus videos, te da servicios, está basado en la atención hacia tu persona.

De manera similar el Facebook y diría que está aún más enfocada al público, porque el Facebook se pueden relacionar con otras personas, puedes conocer a miles de personas alrededor de todo el mundo. Quieren interactuar no entra a comprar ni vender nada.

De igual manera Facebook también es una corporación grande, en su página no te muestra cuantos activos tiene o cuantos edificios tiene, no te muestra esto como carta de presentación.

Ahora las personas están queriendo hacer negocio con otras personas, son muchos los que quieren vender o comprar algo que necesiten, también buscan sentirse identificado, busca sentir que hay lazos que los unen de manera similar, que si tu le estás comprando a alguien puedes percibirla como una persona real y que tiene tus mismos intereses, por lo tanto cuando tu presentes tu negocio en internet si utilizas una página o utilizas un blog, utiliza tu persona, tu personalidad para poder posicionarte en la mente de la gente.

Si por ejemplo te dedicas al negocio de ropa y sales presentando tus productos, presentando tu tendencia para una estación específica, puedes utilizar alguna modelo o accesorios las cuales hagan que tu producto se vea más atractivo y puedes publicarlo.

Puedes irte de viaje para ver que modelos o tendencias hay, puedes hacer una presentación o grabar un video utilizando el texto o fotografías y puedes posicionar muy alto tu nombre de empresa.

Pero qué pasa si un uno o dos años descubres que la tendencia del mercado está cambiando, por ejemplo tu vendes ropa formal, ropa de vestir y te das cuenta que la ropa de deportiva en este momento es la más rentable, entonces puedes cambiar de giro y dedicarte a la ropa de deporte; pero si tú no te preocupaste en posicionar tu personalidad, cuando cambies de giro, cuando tu cambies de estilo de ropa, la gente  va buscar el nombre de tu empresa o de tu estilo original y ya no la va encontrar y no te va identificar porque tu cambiaste.

Pero qué pasa si tú te posicionas con tu nombre con tu persona, con tu marca personal, la gente te va reconocer, no importa lo que estés vendiendo, promocionando o que te estés dedicando, si te has posicionado como tu persona de la manera correcta y no como una compañía, no te verían como "el trabajador de tal empresa", si no, es tú nombre, te verán por tu marca personal.

Debes tomar en cuenta algo, si la gente te percibe como colaborador de una empresa, pensara que solo eres un vendedor y huirán, obviamente no deseas que eso suceda, ¿verdad?

Lo que necesitas es que la gente te vea como una persona en la en la cual puedan confiar, de quién pueda siempre esperar lo mejor, por eso importante que posiciones tu marca personal.

Es tu marca, es tu persona la que tiene que encabezar a todo lo que venga detrás, a los productos, a tus servicios, a las otras personas que también están junto a ti, es eso en lo que tienes que preocuparte de una manera fuerte, así vas a encontrar seguidores no clientes y eso es lo que se quiere.

Un cliente puede comprarte un producto y nunca más puede volver a hacerlo, un seguidor siempre está viendo cual es producto que se está sacando a la venta y va comentar te va a sugerir, incluso va a obedecer tus órdenes, (si hablamos de este punto de vista) ,tú le recomiendas algo, este ya tiene puesta su confianza en ti, cree en ti y a ojos cerrados dirá: "si, está bien yo lo hago¡¡¡¡¡¡" o "Yo lo compro" entonces este es el poder del posicionamiento que uno quiere con su marca y no mostrar simplemente un producto, la gente no quiere hacer negocios con una empresa o con un producto si no con una persona.

Por ende, es muy común y beneficioso usar un blog para posicionar tu marca personal, ya que mediante esta herramienta tu eres una persona con autoridad y esa es una gran diferencia entre un blog y una página web.

La página web es como un catálogo en línea, a diferencia de un blog que habla de ti, de tu historia, habla de lo que haces en ese momento, invita a la interacción, puedes conocer la opinión de tu audiencia etc. Entonces el blog es la herramienta más recomendable y más poderosa para que te posiciones y si en algún momento quieres cambiar de giro cambiar, de negocio o darle otra tendencia, puedes testearlo en el blog , puedes poner un artículo y lanzarlo invitando que dejen sus comentarios para ver qué es lo que piensa la gente, de repente se te ocurre algo y lo lanzas como un comentario y tu seguidores empezaran a responder y te animaran a dar ese cambio , entonces ya te sentirás listo para lanzar ese nuevo producto. En resumen esa es la necesidad y la importancia de posicionar tu nombre como tu marca personal antes que cualquier negocio que estés representando.

## PRINCIPO N°3: NO OLVIDES QUE ERES PARTE DE TU MERCADO

Esto es algo muy importante pero que a veces mucha gente olvida y lo hacen porque de repente en un inicio, cuando iniciaba su negocio, estaba en una situación tanto social como económica, en un nivel medio, pero cuando le comenzó a ir bien, cuando todo era muy beneficioso tanto económicamente cómo socialmente, entonces deja de hacer lo que hacía en un inicio, deja de responder las llamadas de sus clientes, deja de leer los correros electrónicos, porque, "ya no tiene la necesidad de conseguir más clientes" y dices:" bueno para que más".… esa actitud la perciben tus seguidores instantáneamente.

La persona que te ve como alguien que puede solucionar los problemas no te tienes que ver como alguien muy lejano, como alguien distante de él, porque si no te haces irreal.

Por más que hayas logrado ciertos objetivos y quieras hacer que tu mercado también lo logre, Esto se aplica muy bien en el campo de la capacitación, si yo te digo "yo me he capacitado en muchos temas" y ahora tú también lo puedes hacer, te invito para poder explicarte, enseñarte cómo hacerlo"

Por el contrario, si yo me presento de una manera lejana muy distante muy irreal, simplemente perdería credibilidad y las personas pensarían que todo lo que digo es fantasía, es irreal y sobretodo pensarían que tu no lo vas a  lograr y justamente porque lo veras muy difícil e inalcanzable.

Si te contara que realmente he pasado por una experiencia, dos experiencias, tres y te las cuento demasiado difícil y demasiado distante e increíble, inmediatamente lo primero que percibirás es que estoy mintiendo o que de repente si es cierto pero que no lo vas a poder lograr y esta NO es la idea.

Debes presentarte como parte de tu mercado, o sea que tú también vas a poder estar en el lugar de cada uno de tus clientes. Si yo te hablo en este libro "de cómo hacer tu negocio", "de cómo ser un emprendedor", es porque yo también lo soy, yo también soy un emprendedor que hace un tiempo inicie un negocio y que también sigo en el camino y la única diferencia que existe es que posiblemente tengo un poco más de tiempo que tú en esto y eso hace que yo te pueda ayudar o te pueda dar una visión, quizás aun tu no tengas esa visión en este momento, pero eso no significa que yo este demasiado distante y no te pueda ayudar o que no puedas hacer lo que yo si hice ,de hecho, si lo puedes hacer solo necesitas algunas pautas y el enfoque correcto, veras que lo vas a lograr, esa es la parte de ser amigos de tener la confianza suficiente para poder preguntar algo, de interactuar, de dar una opinión entonces tiene que haber este acercamiento de persona a persona esto realmente es lo más importante.

## PRINCIPO N°4: NO ESPERES AGRADARLE A TODOS

Te puedo decir que esto es algo controversial, porque de repente no estás acostumbrado a utilizar el internet o porque simplemente el hecho de hacerlo te vuelve una persona pública, pero pública para tu mercado objetivo, para cierto grupo de nicho o de personas digamos que eres una persona que tiene un curso para enseñar a hablar en público, por dar un ejemplo, y haces publicidad, tienes tus lectores interesados en este tema y comienzas a promocionar, no tan solo tu producto y servicios si no comienzas a dar información de valor, dando algunos consejos o algunos tips como por ejemplo de impostación de voz, lenguaje corporal, desenvolvimiento de la cámara etc.

Vas construyendo esta relación, habar a muchos de tu audiencia que le guste tu estilo, que te digan muchas gracias me ha servido mucho tus consejos, muchos de ellos van a comprar tus cursos para seguir viéndolo, les parecerá que está muy bueno muy interesante, que les va ayudar mucho y se fidelizaran contigo pero, también habrá otro grupo que de repente te vea y no le gustes, no le caigas bien, de repente ni te lo dicen y solo dejen mensajes o comentarios muy fuertes que pueden herir tu susceptibilidad.

Hay muchos casos de emprendedores que se derrumban por esto y piensas que no sirve nada de lo que están haciendo, que quizás no vale la pena continuar o que no aprecien su trabajo entonces se esmeran en tratar a agradarle a todo el mundo, tanto a aquellos a las cuales si te siguen como a aquellos que te detestan y es ahí donde empiezan los problemas porque tambaleas en tu estrategia, titubeas y quieres agradarle a todo el mundo y eso no es posible.

Si tú tienes un enfoque y sientes que si estas ayudando a las personas porque ya lo habías investigado antes, ya viste que esa es la necesidad de tu mercado, entonces tienes que hacerte la idea que siempre a un grupo tendrás que gustarle mucho y estarán de acuerdo contigo y seguirán siendo tus seguidores pero también habrá otro grupo que no estará de acuerdo contigo, que esté en contra, que te critiquen, que te rechace y esto es NORMAL.

Tienes que aceptar eso, porque no le puedes agradar o gustar a todo el mundo no existe eso.

Eso es definir tu personalidad y por eso la gente te va respetar, te va querer, van a desear seguirte, porque te verán firme, decidido en lo que estás haciendo y no estarás dependiendo del "qué dirán".

El "qué dirán" solo sirve para una cosa, cuando tú hagas un test de un nuevo producto o una nueva tendencia sí te importará el "qué dirán", porque el que digan si está bien o mal o que si es una buna necesidad a cubrir o no, será decisivo para que tú lances o no tu producto, en otro caso el "qué dirán" sirve.

No se puede depender de lo que digan las demás personas, a veces hay que hacer que un grupo esté en contra nuestra porque quías nos pueda favorecer porque nos va a posicionar de mejor manera y nos va ayudar a que las personas que si nos siguen, que si les guste nuestro trabajo, nos quieran aún más, se sentirán identificadas y nuestro poder o influencia será más grande sobre ellos.

No tengas miedo de recibir mensajes que critiquen tu curso, tu manera de hablar, tu manera de presentarte, a la información que das, tus productos.

Hay muchas personas que tienen esas características, que les gusta criticar, que solo se dedican a apuntar lo malo; esto tú utilízalo para reconstruir, para rescatar lo que es valioso de esas personas, de las críticas, e implementa las mejoras, pero no con el enfoque de agradar a estas personas si no buscando mejorar tu mismo.

Nada es perfecto al inicio, todos cometemos errores, pero conforme vaya pasando el tiempo se irán mejorando, tampoco puedes esperar que todo este perfecto para empezar.

Empieza con lo que tengas sin importar mucho a quien le agrades y a quien no, solo ten en mente algo: tu misión es estar allí para solucionar los problemas de un determinado grupo de personas, haciendo una investigación previa sobre cuáles son esas necesidades y enfocarte en ellas.

## PRINCIPO N°5: CREA TU PROPIA REALIDAD

Te daré un ejemplo, cuando entras a una tienda de comida rápida como Mc Donalds, al ingresar encuentras ciertas características de esta tienda que no encuentras en otras como puede ser sus colores, algún slogan, alguna manera de atender, todo esto forma parte del lenguaje y de la manera de cómo comunicarse con su público, de igual manera al momento de presentar tu producto o al momento de presentarte como persona, o como un servicio.

Debes de institucionalizar, por así decirlo, algunas frases, (hacerlas propias, creativas o tal vez patentarlas) ciertas maneras de comunicarte, que te describa a ti, exclusivamente a ti y tienes que llamar de manera diferente a ciertas características de tu producto, de alguna manera a pesar de que se refiera al mismo producto que tiene tu competidor, tienes que describirlo de alguna forma que sea única y exclusiva; de esta manera cuando la persona entre a tu tienda ya sea física o virtual, podrá saber que está en un ambiente muy personalizado, ya sea con los colores, con el lenguaje, con una canción, con el slogan con la manera de darle la bienvenida, todo esto marca una personalidad, marca un lenguaje de tal manera que invitas a esta persona a que también se sienta envuelta en esta realidad.

Esto es algo muy importante porque nuevamente va a posicionar tu marca en la mente de las personas, por que creas un estado de placer, de gusto en la persona al visitar ya sea tu tienda virtual o física.

Otro ejemplo "Starbucks", aquí las personas se reúnen para tomar un vaso de café, algo que podría hacerse normalmente en cualquier otra cafetería o tal vez en su casa, pero ¿por qué la gente va ahí?, porque de alguna manera encuentran algo que no encuentran en otro lugar y ¿qué es?

Es un espacio para ellos, es un momento ya sea para su grupo o solo, pero es un espacio para conversar, ya sea para concretar un negocio, para desarrollar de repente, algún trabajo puntual, para conectarte directamente a internet (este es un servicio adicional y gratuito).

Starbucks es un servicio de café como cualquier otro pero a la vez muy diferente, tiene su manera diferente de pedir café, tiene su lenguaje propio, su propia realidad, su manera distinta de dar un servicio y eso le da la oportunidad de ser diferente a todos los demás.

Con esta estrategia es posible posicionar precios más elevados, así estarás brindando un servicio exclusivo, único y ten en cuenta que a todos nos gusta ser exclusivos.

De tal manera que cuando alguien ingresa a tu tienda, ya sea de manera física o virtual en tu blog, en tus videos de venta, en tus correros de prospección y seguimiento, puedan sentirse identificados y muy cómodos, más aun cuando nos llamas a tus clientes por sus propios nombres (¿Te parece eso conocido?).

Si entraras a una tienda, a la cual vas con mucha frecuencia y el vendedor te recibe con un saludo y dice tu nombre y te pregunta como haz estado y te pregunta en que te puede ayudar obviamente te sentirías muy importante, te sentirías como si estuvieras en confianza, por ende vas a sentirte libre de expresar tu opinión, de poder encontrar ayuda y sobre todo vas a querer regresar.

Pero si este saludo se hace mucho más exclusivo aun más que en esta tienda, así en otra tienda o negocio tu encuentres la misma hospitalidad, no vas a encontrar la misma frase, el mismo slogan, las mismas características que tiene el otro negocio, esto hace parte de la marca, del sitio, del lugar, de la persona que encabeza este negocio y eso es la parte más importante que tienes que cultivar poco a poco, es también algo en la que muy poca gente se preocupa.

Es muy incómodo entrar a una tienda y sentir que te están observando o siguiendo con la mirada no dejándote ver el producto que llamó tu atención y te dicen "¿lo puedo ayudar en algo o desea probarse algo?", la sola pregunta ¿lo puedo ayudar en algo? está muy usada todo el mundo la usa y en segundo lugar es una pregunta necia por que el vendedor le está preguntando al cliente su función, la función del vendedor, en este caso es el de ayudarlo, y te está preguntando a ti si puede realizar su función entonces la mayoría de clientes reaccionan con el rechazo y se van.

Si por el contrario el vendedor se acercara y te dijera simplemente "esas zapatillas que usted está viendo le quedarían muy bien" o de repente dijera: "le recomiendo este producto, este pantalón, estas zapatillas, porque tienen estas características…. tiene esto, aquello, usted que deporte practica" y se mete un poco en la relación de tú a tú, le brindaras tu confianza.

Por ejemplo si entras a una tienda y le dices al vendedor que necesitas unas zapatillas para hacer maratón entonces él va entrar a solucionar tu problema, no estas de ninguna manera, dejando que alguien te diga lo que tienes q hacer, sino que tú estás yendo en busca de la solución de tu problema.

Por otro lado hay una línea muy delgada entre la incomodidad y la confianza que pueda sentir el cliente, si tú llegas a cruzar esa línea, tu ayuda se puede tornar como una molestia.

Para eso te recomiendo que implementes en tu negocio, términos que no se use en las demás, que sea distinto al de tus competidores, para que la manera en la que tú te acerques no sea igual en todos lados. Y marques distancia y diferencia con otros negocios.

Te diré lo siguiente, cuando una cliente visita tu negocio de manera física o virtual siempre va a buscar la forma de compararte con otros y después va a seguir buscando nuevos lugares donde comprar, pero si tú haces la diferencia entre otros, por más que busque y compare siempre va a elegir el tuyo en resumen, tu buen posicionamiento hará que tu negocio sea un éxito.

Usa un lenguaje muy especial, muy tuyo, entonces causaras más impacto, trabaja en tu eslogan, esa puede ser tu carta de presentación, también debes de trabajar en tus avisos publicitarios, te doy un ejemplo: la tienda Nike dice "nosotros inspiramos a todo aquel que tenga un atleta dentro", este es un slogan muy bueno y que ha ido cambiando con el tiempo, pero en ningún momento habla que te están vendiendo zapatillas, esto inspira a muchas personas que practican deporte y quieren sentirse bien o a aquellas que no lo hacen pero también quieren sentirse bien. Un eslogan puede ser la clave de todo.

## PRINCIPIO N°6: CREA ESCASES

Habrás visto siempre que las ofertas tienen un inicio, pero también tienen un final, no son eternas.

Un descuento o una exclusividad se hace mucho más deseada que un producto que puedas encontrar en cualquier lugar.

Si sabes que un producto se va acabar o se va a terminar y sobre todo que tiene un precio muy especial, eso va ser que se vuelva mucho más importante y causará en ti las ganas de adquirirlo lo más antes posible, pero hay que tener también mucho cuidado en esto porque muchos al querer usar el principio de la escases abusan de esto, por ejemplo tu puedes decir que tienes un cierto producto en stock y que solo te quedan por 10 vender y los ofreces a un precio de oferta, tus clientes van a comprar ese producto, pero realmente no tienes 10, sino 50 y como te das cuenta que tu producto tiene demanda, iras sacando el resto de apoco a poco y le dirás a tus clientes que aun te queda un pequeño stock, entonces estos pensaran que la oferta que anunciaste hasta cierto periodo fue una mentira, una estafa, puede que la próxima vez que saques una oferta ya no querrán comprarte inmediatamente porque ya sabrán que no se acabara y que es mentira .

Lo que tienes que hacer es aprovechar este momento y cumplir con lo que prometes, si vas a ofertar 10, oferta solo 10 y luego cierra esa oferta aunque en stock te queden muchos productos por vender, ya más adelante vuelves a abrir tus ofertas y podrás vender lo que te quedó ya sea a precio normal o a precio especial.

Este tipo de estrategia de ventas se da en todos los rubros comerciales, ofreciendo el producto en oferta hasta un tiempo límite y luego volviéndolo a su precio original.

Tu meta no es vender el producto de por sí, tu meta es fidelizar al cliente y hacer que este regrese no solo cuando haya una oferta sino en cualquier momento.

Por otro lado, el principio de escases no solo funciona para productos físicos o solo en stock, también funciona para productos electrónicos o de información como un curso o libro como el que estás leyendo en este momento.

De hecho puedo estar cerrando la oferta en un momento determinando y alguien me podría decir ¿por qué la cierras si el curso, o la información que estos dando, es un producto electrónico y nunca se acaba?

Sí, es cierto, es un producto descargable, las personas que lo compren podrán descargarlo cuando quieran, no es que se acabe es solo una estrategia de ventas y no puedo estar jugando con eso, no puedo decir voy a cerrar y al siguiente día siguiente lo vuelvo a activar no se puede jugar así con los clientes. Estarás creando un ambiente de desconfianza e incomodidad.

Este es uno de los principios más usados, todas las tiendas comerciales aplican esto, la escases, no tan solo en número de producto si no en limitación de oferta y de tiempo.

También existe lo que son los bonos, esto también es un principio de escases, se puede promocionar un producto que siempre está a la venta como por ejemplo un almuerzo en un restaurant. Si yo tengo un restaurant y doy almuerzo todos los días no puedo decir "solamente va a ver almuerzo hasta tal fecha y después ya no", no puedo cerrarlo y voy a seguir vendiendo mis platos de almuerzo, tampoco se ve bien jugar con el precio del almuerzo, pero a mis platos que forman parte del almuerzo, puedo adicionar un bono, puedo decir "si tu vienes con 3 personas más a almorzar entre tal fecha y tal fecha vas a tener un bono gratis de una cena para 2", entonces le das este bono a las personas que vienen a almorzar en tu restaurant entre el tiempo que has anunciado obviamente esto te va obligar a ponerle un límite porque no va estar dando y dando bonos todo el tiempo.

También puedes dar bonos con caducidad para que lo usen de manera personal hasta una fecha determinada, de manera de que no coincidan con fechas de gran flujo de clientes.

A todos nos gusta comprar y lo sabes, cuando vas de compras tienes una cierta cantidad de dinero disponible, pero muchas necesidades y siempre vas a sentir que tienes más necesidades de las que puedas comprar en un día, puedes necesitar ropa, alimentos, medicina, electrodomésticos, pero cada uno de ellos va a ordenarse en tu mente y en tu economía de acuerdo a la prioridad o a la urgencia que tengas para comprarlo o para solucionar tu problema.

Esa urgencia la puedes controlar de alguna manera con las ofertas, con los bonos, puedes tu acelerar la venta por ejemplo; alguien tiene que comprarse ropa pero también necesita un televisor, porque el que tiene ya está malogrado, eso no es una necesidad primordial pero la ropa si lo es y pasa por la tienda donde tu estas y ve tu oferta "televisor al 80% de descuento" y que además te regala una plancha, entonces tu necesidad de ropa va esperar para aprovechar esa oferta porque ya se va acabar, de esa manera tu puedes controlar tú la urgencia  de tus clientes y tu podrás vender tu producto más rápido.

Debes tomar en cuenta algo importante, todas las personas al final del mes gastan casi todo su dinero en comprar diferentes cosas, eso es inevitable, lo único que tienes que hacer es que esas personas gasten en ti y no en otros, este es el principio que debes de aprovechar.

## PRICIPIO N°7.- TESTIMONIOS

Esto es aplicable a cualquier negocio ya sea offline u online, como les comente en un inicio los principios son los que mandan en las ventas, las estrategias, los medios, las herramientas que uno puede usar pueden ser diversas, pueden ser distintas pero los principios siempre van a ser los mismos y ¿cómo implementar esto?, ¿cómo lograrlo?, ¿cómo dar una idea un este principio?

Aquí te hago una pregunta; si yo te he vendido algo y ese producto o servicio ha sido de tu entera satisfacción ¿tú lo recomendarías?

Por supuesto que lo harías, entonces eso es un "testimonio", y te puedo dar un ejemplo específico, supongamos que conoces un restaurante, en donde tú has tenido una experiencia magnífica, de pronto encuentras a un amigo y te pregunta ¿conoces un buen lugar donde pueda almorzar con mi familia?, entonces tú vas a recomendarle ese restaurante que ya conoces, eso también es un testimonio.

También existen otras formas, en los negocios online yo puedo utilizar los testimonios para respaldar la convicción de que mi producto a ayudado a otras personas, porque una cosa es que yo te venda un producto, que me pare frente a ti y te diga mi producto es muy bueno por esto o aquello, tiene tal característica, te puede ayudar en esto, en aquello vas aprender esto etc., pero te estoy hablando yo y tú a mí me puedes creer o no me puedes creer porque todavía no has visto o usado mi producto, pero si hay una tercera persona con una opinión imparcial y te dice ¡¡si es cierto yo fui, yo compre yo consumí ese producto, estudie el curso y si me ayudo a hacer esto y aquello!!! obviamente la información va a coincidir con lo que estoy diciendo entonces tú credibilidad aumenta y se posiciona de una manera más fuerte porque, no soy yo el que estoy hablando sino que hay más personas que se han sentido satisfechos o han sido complacidos con mi producto o servicio.

Probamente también encuentres testimonios en la que tus clientes no se hayan sentido satisfechos y también será bueno que los muestres, pues es lógico que no a todo el mundo le va a parecer bonito o bueno tu producto o servicio, obviamente estos testimonios negativos no tienen que ser más que los buenos porque si no serían extraño y pensarían que tu producto no es nada bueno.

Pero si tu producto si es bueno y digamos de que de 10 comentarios positivos 1 de ellos es negativo, ponlo, así las personas verán que no lo estás inventando y que son reales, pero que pasa si recién empiezas tu negocio y aun no cuentas con testimonios porque aun nadie ha consumido tus productos, tus cursos o tus servicios y necesitas los testimonios, no necesitas inventarlos , te doy un ejemplo;  si escribes un libro y necesitas el testimonio de una persona que ha leído tu libro, pero todavía no has vendido nada simplemente compártelo con alguien que sea de tu confianza, obséquiale el libro y a cambio pídele que te dé su opinión, la persona obviamente al leer el libro podrá dar una opinión certera de lo que se trata y tú puedes utilizar esto como un primer testimonio, no es necesario que vendas miles de copias o miles de productos para tener recién tu primer testimonio,.

Es por eso que en algunas empresas cual sea el rubro como peluquerías, restaurantes etc. tiene muy en cuenta la opinión de sus clientes, para ello hacen una pequeña encuesta y piden su opinión, pero también lo hacen con otro objetivo, para ver en que mejorar o ver que están haciendo mal o para implementar  pero también lo podemos usar como testimonio, como respaldo para tu credibilidad, entonces esa es la importancia de los testimonios  en este caso.

## PRINCIPIO N°8: EL EFECTO ZEIGARNIK

Hubo una psicóloga Rusa con este apellido que hace muchos años estudió un comportamiento que todos los seres humanos tenemos y que muy pocas veces había sido estudiado, ella siempre iba a la cafetería de la universidad en donde enseñaba y pudo observar, de manera muy curiosa, a una mesera.

Esta mesera se acercaba a atender y tomaba el pedido pero no anotaba, no apuntaba el pedido, trataba de memorizarlo y cuando regresaba traía los platos correctos, serbia y pasaba a la siguiente mesa, esto le llamó la atención a la psicóloga, y se preguntó ¿por qué esta mesera podía hacer eso sin anotar y luego pasar a la siguiente mesa y hacerlo una y otra vez?, entonces comenzó a estudiar un poco más sobre este comportamiento, este fenómeno de la mente que antes no había sido observado por nadie y llego a la conclusión que todos los seres humanos tenemos la necesidad de cerrar un circulo y ¿cómo es esto?...

La mesera memorizaba los pedidos de la mesa y una vez que cerraba el círculo de información y había atendido a esta mesa, olvidaba la orden para pasar a la siguiente mesa.

De esta manera nos comportamos todos, cuando nos dejan en suspenso, cuando algo queda pendiente, nuestra mente no puede estar tranquila hasta que se resuelve de alguna manera.

Cuando algo te intriga, cuando queda inconcluso de ser resuelto, en verdad aunque tú creas, tu mente no se queda tranquila, sigue pensando, tratando de encontrar la solución y así cerrar el círculo de información.

Es por ello que hay varias novelas, películas o libros en volúmenes 1, 2 y luego sale el volumen o edición 3.

Las películas más taquilleras salen en partes, primero sale la N°1 y dejan el final en suspenso, luego sale la 2 y si tiene éxito sin duda saldrá la 3ra parte, ¿por qué?

Porque siempre, cuando queda un cabo suelto, cuando queda una intriga al final de una historia la persona queda con muchas más ganas de ver en que va culminar como en las novelas, los capítulos más importantes de las novelas siempre acaban en el momentos de mayor suspenso, y la deja enganchada a la persona y al siguiente día está esperando frente a la televisión esperando que empiece, entonces este es el principio que la psicóloga estudió.

Y nosotros, como seres humanos, necesitamos cerrar las ideas, no podemos dejarlas inconclusas por lo tanto cuando vayas a usar tu mensaje de ventas tienes que usar este principio siempre.

Por ejemplo si yo te ofrezco un producto o servicio que va a solucionar cierto problema esto pasa por 3 preguntas:

1.- ¿**Por qué** es importante que aprendas lo que tengo para enseñarte?

2.- ¿**Qué** tienes que aprender?

3.- ¿**Cómo** implemento aquello que me vas enseñar para que solucione mi problema?

Esto es una secuencia, aquí realmente lo que nos interesa no es el "**porqué**", no es "**que**", es "**cómo**" lo que realmente te importa, cuando te dicen algo relacionado con el **"Porqué o el qué"** y la explicación se vuelve muy extensa, tu responderás…"bueno ya no me digas tantos rodeos y dime como lo hago", entonces en tu en tu estrategia de marketing lo que vas aplicar es lo siguiente:

Vas a decir el "que", pero antes vas a decir "por qué", pero no vas a decir el "cómo", entonces las personas van a saber "porque" tienen que aprender, "que" tienen que aprender, pero no van a saber "cómo" hacer y esa intriga, esa necesidad de saber "cómo" hacerlo es la que va a hacer que ellos tomen la decisión de comprar tu servicio, de comprar tu producto y esto se aplica a todo, no tan solo a los productos de información o de enseñanza, se aplica a todo, también se aplica a los productos físicos, entonces simplemente tienes que saber "cómo" orientarlo y siempre hacer uso de este principio esto es como si dejaras inconclusa a las personas y nadie lo puede resistir.

Este método es muy usado normalmente en las películas, en las novelas que captan la atención, puedes hacer la publicidad de un producto que aún no has sacado y puedes ir trabajando con esto, dándole pistas, algunos señuelos para que la persona se imagine que viene muy pronto, de tal manera que cuando tú sacas tu producto al mercado, ya has creado mucha expectativa.

Es algo que las más grandes corporaciones implementan, lo emplean en su estrategia de marketing y es algo que todos hoy en día podemos implementarlo en nuestro negocio.

El internet es un buen medio para implementarlo ya que cuando tú llegas puedes preparar una secuencia, digamos, como una historia o como una secuencia con capítulos, ya sea de videos o de artículos, de tal manera que vas contando, vas interactuando con tu público, vas diciéndole porque es importante cierto tema.

Por ejemplo, en el caso de hablar en público, le explicas ¿por qué es importante el hablar en público? Lo tiene que hacer de acuerdo al momento o situación en la que se encuentra una persona interesada, puede ser en un compromiso, en un matrimonio, eventos.

Y te enfocas en resaltar la imagen que vas a dar, el valor que enriquece tu presentación, el ridículo que puedes pasar si no logras cumplir las expectativas, lo mal que vas a quedar, la mala imagen que va a dar etc. lo pones en esa situación de tal manera que to oyente o lector entenderá porqué es importante hablar en público.

Cuando esta persona haya entendido el "por qué" se va a dar cuenta de la necesidad que tiene, de cuán mal esta, de cuán grande es su problema, hemos magnificado su problema, lo hemos agitado, lo hemos puesto al  descubierto y ahora ya sabe "porque" es importante.

Ahora vamos al segundo paso, puede ser un segundo video, puede ser un segundo contacto, una segunda carta de ventas, en esta segunda parte vas a exponer el "que", para tener un mejor discurso para poder tener un mayor impacto, o sea debes saber impostar tu voz, tener un buen porte, tener lenguaje corporal, llevar tu mirada de otra manera, organizar  tu presentación así, así, así…, eso es el "que". También puedes darle como regalo un ejercicio, por ejemplo, "cada vez que vas a salir a hablar en público o tienes unas ideas confusas entonces el primer consejo es hacer este ejercicio, respira 3 veces.......etc.". Lo que sea que implementes. Le das una muestra del "como".

Es como cuando vas a degustar un producto nuevo ya sea un dulce, un helado, te dan un poco y de lo mejorcito para que te quedes con las ganas de comer más, este es un poco el enfoque de este principio entonces espero que lo implementes y le puedas dar utilidad y lo puedas aplicar sin duda.

## PRINCIPO N° 9: LENGUAJE DE VENTAS Y LENGUAJE DE AMIGO

Cuando alguien te quiere vender algo, sobre todo algo que viene muy ligado con el servicio al cliente, como ejemplo, si vas a una concesionaria de automóviles y escoges el automóvil que te gusta pero tal vez el primer día no vas dispuesto a comprarlo, vas solo a ver y te haces conocido de un vendedor o vendedora y este te toma tus datos, tu teléfono y se presenta hacia ti los días posteriores y te llama y te pregunta, pero te das cuenta que trata de ganar más confianza contigo, como que se quiere hacer tu amigo(a) pero que pasa si cada vez que te contacta finaliza su conversación con la pregunta : oye y ¿te animaste por el auto........?, como que perdió el encanto y dices no¡¡¡ esa persona solo se quiere hacer mi amiga porque quiere venderme.

Esto es en lo que la mayoría de vendedores se equivoca, el mesclar la amistad o confianza con un fin lucrativo o de interés personal y de hecho esto lo la gente lo va a rechazar.

Si, debes hacerte amigo de tu futuro cliente o conseguir su confianza, pero no debes de mezclar el tema de la venta.

Hazte su amigo, salúdalo en su cumpleaños, pero no solo para venderle algo, porque la mayoría de personas no lo va a tolerar, construye esa amistad y consérvala porque eso te puede servir de mucho más adelante.

Cuando esa persona decida comprar su automóvil, existirá una gran probabilidad de que piense en ti y te compre.

De hecho, no sólo te comprará esta persona, sino que te recomendará con sus amistades posiblemente aún antes de comprarte.

# CONCLUSION

Ahora que te encuentras leyendo estas líneas, puedo sentir como miras atrás y sientes que hoy muchas ideas han sido removidas de tu interior.

Tal vez antes hayas ya oído de alguno de los temas que he tratado, pero te habrás dado cuenta que todo lo anteriormente expuesto ha sido personalizado especialmente para ti.

Si tú nunca leíste nada parecido, entonces a partir de hoy no podrás decir que el desconocimiento es la causa de tu infortunio.

El conocimiento genera siempre una responsabilidad, la responsabilidad que has adquirido hoy es la de ser el protagonista de tu vida, de ser el único responsable de todo lo que te sucede y deja de suceder día a día.

No permitas que otra persona decida tu destino, no cambies tu tiempo por dinero, tu tiempo es tu mayor tesoro, no lo entregues a otro.

Usa tu tiempo, tu vida para hacer lo que en verdad te gusta.

Pero no pienses con ligereza y creas que siendo dueño de tu tiempo y teniendo tu propio negocio podrás echarte al relajo y simplemente despreocuparte de trabajar. Te diré que no hay mentira más grande, si una vez fuiste empleado habrás tenido que trabajar mucho para alguien, ahora deberás de trabajar tal vez el doble inicialmente, pero este trabajo será para ti y sólo para ti, por ti, por tus sueños y de los que te aman.

Emprende tu vida, deja las excusas y adelante, sin duda nos veremos pronto.

Ahora te pido que no me falles y que no te falles a ti tampoco, ahora tienes la información necesaria para realizar un importante cambio en tu economía, en tu negocio y en tu vida.

Da rienda suelta a tu instinto de emprendedor, no dejes que la rutina del día a día se lleve tus sueños, no dejes que tu empleo actual (Si es que aún o tienes), impida que tus suelos se realicen, que tus metas sean alcanzadas.

Nadie es tan importante para ti como tú mismo.

Yo estoy para ayudarte en lo que necesites, será un placer para mí.

Para contactarme, visita mi blog: http://www.fernandocalagua.com o envíame un correo a contacto@fernandocalagua.com.

Sin duda nos encontraremos muy pronto.

Un abrazo, Fernando Calagua